贝克知识丛书

ENGLISCHE GESCHICHTE

英国史

Hans-Christoph Schröder

[德] 汉斯－克里斯托弗·施罗德 著

刘秋叶 译

上海三联书店

前　言

　　本书无意与已经存在的、范围更为广泛的诸多英国历史著作形成竞争，比如克卢克森（Kluxen）、文德（Wende）、克里格（Krieger）、哈恩（Haan）和尼德哈特（Niedhart）等人的杰作。作者希望充分利用本丛书页数限制的独特优势，通过集中概括的叙述方式，来突显重大的历史发展脉络和基本问题，并附以重要细节进行形象说明。

　　我衷心感谢多瑞特·卡斯帕（Dorit Kasper）女士对书稿迅速而细心的制作，感谢娜塔莉·弗里德（Natalie Fryde）女士——我在达姆施塔特（Darmstadt）的同事——对中世纪部分的审阅，感谢汉斯·卡斯腾迪克（Hans Kastendiek）和卡尔·罗赫（Karl Rohe）对初期手稿的富有启示和帮助的评论。我尤其感谢恩斯特-彼得·维肯伯格（Ernst-Peter Wieckenberg），我将这本书献给他，感谢他以极大的热情与责任心对本书的指导。

汉斯-克里斯托弗·施罗德

目　录

第一章

英格兰国家和自由的中世纪基础

　　有确凿文字记载的、并开始具有持续运作的公共机构的英格兰历史开始于盎格鲁-撒克逊人的入侵，他们作为欧洲"民族大迁徙"过程中的一部分，在5、6世纪进入英格兰。

　　最初与当地居民凯尔特人几乎没有任何交融的盎格鲁-撒克逊人设立了国家的政治与领土机构，并建立了一些王国①，在9世纪末期，其中的威塞克斯王国逐渐

---

　　① 公元5世纪，盎格鲁-撒克逊人开始侵入不列颠岛，渐渐地在这些地域建立起了一些王国，包括肯特（Kent）、诺森布里亚（Northumbria）、东盎格利亚（East Anglia）、麦西亚（Mercia）、埃塞克斯（Essex）、萨塞克斯（Sussex）和威塞克斯（Wessex）。当时由盎格鲁-撒克逊人以及不列颠原住民所建立的王国的数目

强大起来，基本实现了对其他王国的统治霸权。在威塞克斯国王阿尔弗雷德大帝（871—899 年执政）的领导下，以及在对维京人的抗击中，整个英格兰地区实现了除被丹麦人占领的东北部以外的联合。当时的一枚银币上刻有阿尔弗雷德的画像，并用拉丁文书写着他的头衔——"英格兰（人）的王（Rex Anglorum）"。

在 10 世纪的英格兰，王室的权威得以发展，民众对其接受的程度之广泛，以及其社会监管与执行之强度，超过了同时期的任何一个欧洲国家王室。当时英格兰相对高效的中央集权统治的标志之一是它统一管理的货币体系，那是在盎格鲁-撒克逊末期的欧洲最先进的货币管理体系。英格兰不是像德国和法国那样由领主（lords）发行货币。英格兰货币系统的构成像英格兰的其他政府机构一样，标志性地展现了"在国王的命令下自治"的原则，一方面是责权的集中化，另一方面是在具体执行中的"去集中化"和委任化。货币系统完全只受国王的领导和控制，而货币的锻造则在很多地方进行。在公共管理和法制系统中使用的书写并加封印的令

不止七个，但随着时间的推移，一些大国逐渐地吞并了周边的小国，最后形成了以这七个大国为代表的七国时代。而这七个王国的格局，也成为后来英格兰王国的雏形。——译者注（后同）

状（writ）——王室的简短的诏令，同样是极有效的、绝无仅有的中央集权的工具之一，是英格兰王室权力的又一凭证。

中央集权和王室在英格兰如此强大的原因之一在于地理因素。英格兰的领土范围并不太辽阔，所以对其内部各个地区的联合和管理并没有超越当时历史条件所允许的可能。虽然盎格鲁-撒克逊的国王们大部分时间在南部的温彻斯特（Winchester）和伦敦（London）度过——这两个城市是当时最重要的国家中心，但是对国王来说，国家的其他领土部分依然很容易到达。

除了有利的地理条件以外，外来的威胁是促进中央集权和国家机构强盛的另外一个主要原因。维京人时常侵扰英格兰，并索取贡金和贡品，为了应对他们的挑衅而进行的对抗与防御，全民的同仇敌忾促进了英格兰王室集权和国家机构的日益壮大。盎格鲁-撒克逊人所要担负的贡金，导致国家从公元865年开始征收所谓的"丹麦金"①，这后来成为英格兰第一项长期收缴的国家税金。

---

① 丹麦金（Danegeld）是英格兰为了筹集军费抗击丹麦人以及支付战败后给丹麦人的贡金而征收的税收，最初只有在丹麦人入侵时才会在全国范围内开征，至阿尔弗雷德大帝统治时期，丹麦金已演变成一种常规性的税收，是国王筹集战争经费和交纳丹麦贡金的稳定来源。

阿尔弗雷德大帝修建了三十几处防御设施来保护威塞克斯的国土，在这些防御系统上，也可以清楚看到保家卫国的斗争对权力集中所起的促进作用。这些防御设施（被称为"堡垒"①）从周边地区得到人员配给和财务支持。训练有素而且运转完善的地方管理是这些地区可以完成王室所分配任务的先决条件。数百年来与中央集权相辅相成的地方自治管理，成为英格兰历史的又一重要标志。根据历史学家兰克②的判断，"自治原则"在英格兰"自古以来"就比欧洲大陆强大很多，并且在一个相对秩序良好的制度中的各个层面都十分有效。当时最高层次的行政区划为"郡"③。早在 9 世纪末，威

---

① 在阿尔弗雷德大帝的防御系统中，堡垒（burh）除了作为防御中心，也同时具有商业和行政功能。burh 为古英文，是与德语的"Burg（城堡、壁垒）"相近的概念，后来从中又衍生出了"borough（自治城市、集镇）"这个名称。borough 逐渐延伸为"有自治权力，被城墙包围的市镇"的意思，作为行政划分等级，现在依然在众多英语国家被使用，但具体含义各有不同。

② 利奥波德·冯·兰克（德文 Leopold von Ranke，1795—1886），19 世纪德国最重要的历史学家，也是西方近代史学的重要奠基者之一，被誉为"近代史学之父"。他主张研究历史必须基于客观搜集研读档案资料之后，如实地呈现历史的原貌，这被称作兰克史学，对后来东西方史学都有重大的影响。

③ 郡，英文单词为 shires，后来则改称为 counties，德语称为 Grafschaften。郡在其内部又划分为百户邑（英文为 hundreds 或

塞克斯王国的行政区划就已经称为"郡"。在 10 世纪和 11 世纪早期，这种区域划分已经延用于当时的整个英格兰，共有 37 个"郡"。

在盎格鲁－撒克逊时期的英格兰，"郡法庭（shire courts）"是君主王室以外最重要的机构。在伯爵和主教或者他们的代表的主持下，"郡法庭"每年进行两次集会，行使众多的法律和行政功能。原则上，所有"自由人"都必须参与"郡法庭"。相对不那么重要的事件由"百户邑法庭"处理。在这之下，还有"十户联保制（Frankpledge）"之下的十户组（tithing）——由十户人家组成的小组，他们互相担保，若小组中有人违法或逃跑，小组其他所有成员需要在"百户邑法庭"上为此共同负责。总体来说，盎格鲁－撒克逊时期的英格兰已经具有对那个年代来说显著统一的审判体系，在这个体系中，虽然判决依照当地法律进行，但是国王在任何时候都可以干预审判。直到 10 世纪中叶，各领主才在更大范围上从国王那里取得了重要的司法权，但是这始终只是"委任代理权"。在英格兰，君主基本上从来没有放弃过做整个王国主人的权力诉求。

---

wapentakes）。英格兰地区管理的最小行政单位是教区，英文为 vill 或 tun，德语为 die Gemeinde。

在盎格鲁–撒克逊时期开始实行的对国土的地理区域划分，对司法和行政管理起着决定作用，并显然促进了可以被称为"生活关联地域化"的进程。在同一地理空间内共同生活以及邻土结盟形成了人们的相互归属关系，与之相比，血亲联合反倒退而居其次了。英格兰人在很多方面更愿意把自己视为一个区域内的居民，以及由非亲属关系构成的当地社区中的一员，而不是某氏族的一分子。个人主义、个人私有财产以及核心家庭显然在英格兰比在任何地方都形成得更早、更显著，因为在英格兰，强大的地理区域组织和维系和平的君主权力，使得靠血缘联合在一起的、较大团体所起的保护功能不是那么必要。历史学家威尔弗雷德·刘易斯·沃伦（Wilfred Lewis Warren）指出，英语几乎不能准确描述超出核心家庭以外的以及超出两到三代人以外的亲属关系。

君主王室的相对强势地位，在1066年诺曼底人征服英格兰后得到了进一步加强。威廉是这个国家的征服者。他把"采邑制"从诺曼底带到了英格兰，并通过他同时作为最高领主加强了他的国王统治权力。相比诺曼底或是欧洲任何其他部分当时的情况，威廉都算得上是更彻底的"最高领主"。因为在征服英格兰后，更确切地说，在击败针对他的起义后，在法律意义上，威廉国王是英格兰所有土地的唯一拥有者。自由领地与土地的完全所有权不复存在。所有土地领主的土地拥有权都直接或间接来自国王。在后来的英国革命时期，激进的乌托邦主义者——杰勒德·温斯坦利①以这种土地所有制为基础而推断出，随着君主的废除，全国的土地所有权凭证也将失效。温斯坦利称，在王室被废除后，紧跟其后的应该是封建领主土地所有制的废除。

1066 年，英格兰成了欧洲封建主义制度最强大同时又最薄弱的国家。英格兰的封建主义最强大，是因为对土地任何形式的所有权都涵括在封建领主的关联网内；同时，它的封建主义又最薄弱，因为英格兰封建领主的权力相对于中央集权最为薄弱，国家公共强制力及其原有结构依然持续存在，并且坚决而明确地规定了臣民的首要义务是效忠国王。封建制度被嫁接在现存的、区域睦邻结构之上，而并没有把原有结构排挤掉。君主是封建霸主，同时，也像之前的盎格鲁-撒克逊国王一样，是至高的统治者，他与直接隶属于他的臣民紧密联系在一起，而臣民们则必须绝对服从于国王。因此，封

---

① 杰勒德·温斯坦利（Gerrard Winstanley，1609—1676），一位英国新教改良者，倡导一种基督教共产主义，是奥利弗·克伦威尔时期的政治活动家。

臣们除了为国王提供军事援助的特殊义务以外，对国王在军事上普遍效忠的责任也一直保存了下来。

完成于 1086 年的著名的《末日审判书》，不仅是诺曼底统治制度在英格兰的权力以及诉求的记载，同时也是其统治效率的记录。作为一种国家的土地登记册，尽管《末日审判书》并不完整，但是它在当时的欧洲依然是无与伦比的。英格兰的诺曼国王还成功发展了一些中央集权统治方法，这些方法后来成为西欧封建集权统治早期的标志性策略。英格兰历史学家齐布纳尔^①女士认为，在财政和法律体系方面，诺曼统治者比佛兰德（Flanders，也有译为法兰德斯）、法国或加泰罗尼亚的统治者，至少领先了一个时代，甚至不落后于沿用拜占庭行政传统的西西里岛。诺曼王室在 12 世纪初期引进的每年定期在特定地点对王室财政进行结算，结算根据简单明了的计算体系在财政署（Exchequer）进行，是其开创性的革新之一。法国国王一直到 12 世纪末才开始使用这样的中央财政记账方法。

诺曼统治（1066—1154）之后是金雀花王朝的安茹帝国（1154—1399）。安茹帝国不是建立在征服外族之

---

① 马乔里·齐布纳尔（Marjorie Chibnall，1915—2012），英国历史学家，中世纪研究家，拉丁语翻译家。

上，而是以王朝间的联合为基础。除了英格兰本土的领地，安茹帝国还包括了法国的很大一部分，主要在卢瓦尔河（Loire）地区一带。安茹帝国的统治者过于热衷英格兰之外的事宜，是 1215 年《大宪章》成形的原因之一。约翰国王为在欧洲大陆进行战争而大肆筹集资金，在英格兰采取了严苛的财政政策，他的地位在布汶战役（Battle of Bouvines）①结束后大大削弱。在他返回英格兰后，遭到贵族诸侯的集体抵制。约翰国王在与诸侯的斗争中战败，不得不签署《大宪章》。后来《大宪章》曾被约翰国王撤回，1225 年亨利三世又重新颁布了经过大幅度删减的新版《大宪章》。此后，一直到 17 世纪，《大宪章》一共被 32 次确认或重申，自 13 世纪以来一再被越来越广泛的公众所了解。尤其是因为这一次次的重申与确认，《大宪章》被深深刻入到了英格兰人的意识中。

《大宪章》涵盖各方面的不同法律诉求，共有 63 条款，其中一些规定仅对贵族诸侯有重要意义。然而，此

---

① 布汶战役发生于 1214 年，一场牵扯了西欧几乎所有主要势力的战役，前奏为英法两国数十年的争霸，决战双方分别是以法王为首的百合花联盟以及以英王为首的金雀花联盟，结局是法国国王腓力二世在绝对劣势下奇迹般获得了胜利，为 13 世纪法兰西王国的强国地位奠定了基础。

外也有一些条款对各个阶层都很重要，其中包括关于税收的声明——没有本王国共同商讨、一致同意，不得征税（列举出的个别情况除外）。《大宪章》的第39和40条①所规定的法律保护尤其具有意义。尤其是这两例条款，成为英格兰的自由和法律思想不可动摇的基准点。

经常有人指出，约翰国王所颁发的《大宪章》并不完全是独一无二的，在同时期的欧洲大陆，一些其他的国家其实也颁布了类似的法律文书（比如，西班牙阿拉贡王室颁发的"广泛特权"②，以及匈牙利的"金玺诏书"③）。毫无疑问，《大宪章》也包含中世纪欧洲一些普遍原则——坚持由同等人审判的权利，君主触犯法律时的反对权，拒绝在国土之外服兵役的权利，以及最重要的原则——国王必须依照国家法律行事。《大宪章》

---

① 《大宪章》第39条和第40条内容：任何自由人，如未经其同级贵族之依法裁判，或经国法裁判，皆不得被逮捕、监禁、没收财产、剥夺法律保护权、流放或加以任何其他损害；余等不得向任何人出售、拒绝或延搁其应享之权利与公正裁判。

② 阿拉贡国王佩德罗三世（Peter III of Aragon）于1283年宣布授予贵族"广泛特权"，承认他们的习惯法，及每年召开一次御前会议。

③ 金玺诏书（拉丁语：Bulla aurea），公元1222年由匈牙利国王安德烈二世发布，迫于贵族的压力，诏书确立了匈牙利贵族的权利，特别是在国王违法时反抗国王的权利。

的独特之处在于以下事实：它是超越阶级、超越地区的，它所赋予的权利，不是贵族阶层或区域特免权，也不表现为城市独立特权，而是具有普遍性的，针对的是中央政权的普遍控制。

《大宪章》超越阶级区分的普遍适用性，被利奥波德·冯·兰克视为它最显著的特征，也是与同时代其他权利声明的区别。兰克在他的《英国史》中写道："同时代其他国家的皇帝和国王也不得不同意授予各个阶层非常全面的权利。然而英格兰的情况与众不同，这些权利不是单独授予每一个阶层，而是同时赋予所有阶层的。在其他国家每个阶层只顾自己，而在英格兰形成了所有阶层的共同利益，这把所有阶层永远绑定到了一起。"

这个最终不利于英国君主的特点，反而恰恰主要来源于英国王室相对强大的权力和王室统一集权的力量。王室法庭将"普通法"（Common Law）作为国家法律推行，并使其高于地方区域性的封建特色法规。这导致了当民众即使与王权有冲突时，与其他国家相比，特别法较少被使用。英国历史学家苏珊·雷诺兹（Susan Reynolds）女士认为，国王及其司法权、审判权的强硬地位，导致"封建领主没有什么司法权需要保护，而相对大部分的民众通常直接处于王室官僚的管制下"。

《大宪章》所包含的原则——不通过王国的共同参议，则不可征收（新的）税赋，对英国议会的形成也起了决定性的作用。"商讨治税"形成了君主从这样一个代表机构中可以获得的又一份益处，除此以外这样的集会议事对君主来说还有其他好处。在13世纪中期形成的议会，最初主要就是应国王的需求而诞生的。对于国王来说重要的是：一方面来自全国各地的人们能为他提供信息，并能在他面前申诉自己的抱怨与建议；另一方面，他们回到故乡后可以宣传国王的愿望和决定，解释国王的政策。

因为英格兰议会（Parliament）起源于"御前会议（curia regis，也译为"王廷"，德语译为 der Große Rat des Königs，字面意思为国王的大谘议会），所以我们不能明确确定议会的具体开始时间，或者说不能清楚定义其作为固定存在的机构的历史起点。通常我们对在13世纪或14世纪开展的议事会知之甚少，并不了解那场会议到底是"大议事会"会议，还是已经是"议会"。无论如何，从各个"郡"以及"自治市镇"召集代表来参加会议都意义非凡，而显然那些代表仅仅因为他们对决定税赋是不可或缺的才得以与会。在1290年的议会上已经能清楚认识到，这是"下院（commons）"萌芽发展的始点。一个仅由贵族成员组成的议会的集会已经在 4 月到 7 月事先举办，并通过了一系列的决议。然而，被召集来参加第一次集会的显贵们，对于国王希望收取的税金，只可以在"他们有资格的范围内"予以同意。贵族这个明确的、自发的对自己代表权的限制，使得"郡"和"自治市镇"的代表必须在 7 月中旬来参加议会。最初仅仅是因为同意税收的原因而被召集来作为补充成分的"下院"，在 14 世纪成为国家真正的代表者，被看作是国家利益的最重要的护卫者。

议会与税收的关系，对于议会的发展在一定程度上是自相矛盾的：要获得征税的同意，就必须召开议会，这一方面促进了议会机构的形成，因为君主的财政窘迫以及战争花销，使得君主不得不一再召集议会；另一方面，议会与税收的关系，也阻碍了议会的发展，因为政治上不那么铺张浪费，或者开辟了其他收入来源的国王，会忽视议会。尽管 1330 年到 1362 年的法律规定每年至少要举行一次议会，但是这规定仅仅被短暂遵循过而已。君主们各自的需求最终决定了是否召开议会。治税因素的关键地位，对议会的发展也是不利的，因为不召开议会就意味着地方不需要缴税——这对大众来说完全是正面的。此外，因为各"郡"和"自治市镇"要向议员缴纳相当昂贵的出席费，从这个角度看，议会的召开对地方也意味着额外的财政负担。一些城市，比如因为修建城墙而财政负担过重，经常会申请暂时免除"代表义务"。然而，出席议会能为议员增添威望，这在15世纪就已经是被广泛认可的事实，所以阻碍城镇参加议会的经济因素便相应地变得不再那么重要。雄心壮志的、或者追求名望的低层贵族（英文gentry，绅士阶级）往往很乐意自己出资代表"自治市镇"去参加议会，以至于最终到中世纪末期，大多数城市的议员已经是由"绅士阶级"代表，这让议会在整体上有了越来越多的贵族特色。议会甚至曾经专门为各"郡"设置过一些额外的席位，就是为了满足各郡的低层贵族的需求。

君主对通过议会批准收税的偏爱主要在于，议员们对征税的同意制约了他们所代表的"郡"和"自治市镇"必须承担缴纳税金的义务。虽然英格兰实行的不是严格限制的阶级代表，而是国王在1290年和1294年明确规定的"全权委托（plena potestas）"意义下的全面代表，但是在最初时期，议员在同意支付税金前，依然常会先与自己的郡询问确认。有时某个"郡法庭（county court）"会决议只支付该郡所分摊税金的一部分。然而，总体来看，英格兰的议会在中世纪时期就已经体现出的整体国家的思想，依然足以让人惊叹。如奥地利历史学家奥托·布鲁纳（Otto Brunner）所述，"14 世纪中期诞生了'英格兰王国共同体（communitas regni Angliae）'的思想，即王国内所有社区（communitates）的整体大联盟，而这些社区事实上就是英格兰，因为封建制度在这里的发展进程中行政区并没有分裂。于是，从此议员不再是仅代表他们各自的社区（communitas）。现在，他们全体共同代表的是——英格兰王国共同体"。而在法国，共同代表的思想一直在 1789 年"三级会议"改变为"国民会议"后才得以实现。

总体来说，英格兰在中世纪就已经有了相对强大的国家权力机构，以及除去西部和北部边境地区以外较为统一的领土。法国历史学家马克·布洛赫（Marc Bloch）在他关于封建社会的著作中写道，中世纪的英格兰是"一个显著的统一国家，具有强大的行政管理传统"。虽然在 12 世纪斯蒂芬国王统治时期以及后来的13 世纪中期，英格兰也发生了一些动乱迹象，但是在英格兰没有形成领主统治，没有形成任何一个像德国历史上那样的诸侯国。

源自王室的中央集权与天下一统的趋势，不仅对王权本身有益，并且如事实证明，更有力地增强了作为王室潜在对手的议会。到了 17 世纪大众与王室有争端时，与其他国家的各阶级分别只代表自己的集会会议相比，英格兰议会已经能够确凿可信地代表国家全体。普通法作为国家法律的实施，以及《大宪章》对普遍法律原则的认可，也使得在王室犯法时，适用全体自由英格兰人的普遍法律，而不是特殊法律进行审判。由此更广泛的人民群众更可能产生国民身份认同感，所以当王室违法或犯错时，遭受到的大众的反对力量也更强大。

英格兰王室中央和统一的塑造力和影响力，即使在 15 世纪的玫瑰战争①中短暂地经历过削弱时也没有完全被消解，但是这种力量也起到了一个相反的作用。早期在地方自治的辅助下得以实现的君主权力的强大，以及全体国家团结凝聚的理性，使得后期对其他王室来说是标志性象征的现象——并且是促进和加强王室壮大发展的现象，比如设备常驻军队和建立庞大的官僚行政机构，在英格兰很长一段时间都是不必要的，直到很晚才成型出现。在近代早期的英格兰，国家的全面组织规模较低是可行的，因为英格兰作为国家在中世纪就已经相

_____

① 玫瑰战争（英文 Wars of the Roses，1455—1485），英王爱德华三世（1327—1377 在位）的两支后裔——兰开斯特家族和约克家族的支持者为了争夺英格兰王位而发生的内战。

对发展得比较完善了。托马斯·霍布斯[1]的理论在英格兰影响甚微的原因与以上阐述类似。君主必须获得无限统治权力的想法在英格兰并不太有吸引力，因为一般情况下，传统的政宪体制维持和平的力量是足够大的。在英格兰，专制主义理论不可能提供解决内战的出路，反而会成为引发内战的原因。

---

[1] 托马斯·霍布斯（Thomas Hobbes，1588—1679），英国政治哲学家，创立了机械唯物主义的完整体系，认为宇宙是所有机械地运动着的广延物体的总和。他提出"自然状态"和国家起源说，认为国家是人们为了遵守"自然法"而订立契约所形成的，是一部人造的机器，当君主可以履行该契约所约定的保证人民安全的职责时，人民应该对君主完全忠诚。他于1651年所出版的《利维坦》一书，为之后西方政治哲学发展奠定根基。霍布斯的思想对其后的孟德斯鸠和让-雅克·卢梭有深刻影响，但同时，他的社会契约论与绝对君主制又有其独特性。

第二章
都铎王朝的矛盾

　　都铎王朝 (1485—1603) 统治时期，君王的主要政治方针在于去除"超级臣民（overmighty subjects）"的权力，并亲和较低等贵族。"国王机制"[①]和"庇护制"得以推行，以把尽可能多的地方贵族与王室直接联系在一起。另外，王室善于把国王定义为"一切荣誉的唯一源泉"，这甚至适用于完全具像化的事物，比如自 1530 年起，王室的徽章部门开始独自享有为贵族检验与颁发

---

　　① 国王机制是德国著名社会学家诺伯特·埃利亚斯 (Norbert Elias，1897—1990) 在他的著作《文明的进程》中提出的概念，其特点为：国王利用其分配权挑动各个集团相互争斗，消蚀其实力，使其无法对自己反抗。国王所遵循的原则是"分而治之"，使各方实力保持平衡。

徽章与盾徽的权力。都铎王室乐此不疲地一再提醒人民玫瑰战争时期的混乱与血腥，以乱世的救世主自居，并表现出自己是英格兰国内和平与稳定的唯一担保人。于是，通过对秩序与稳定的宣传，以及人们对都铎王室的服从与崇拜，国王的地位得到了进一步的巩固。当时社会的这种风气在伊丽莎白一世后期的几部莎士比亚戏剧作品中也有所体现。

对秩序思想和服从王权义务的广泛强调，却正是对王室实际权力微弱的一种意识形态上的补偿，并不强大的王室力量不得不尤其热衷凸显君主的地位和意义。除去仅有几百士兵的近卫队和军事要塞壁垒的守军，英格兰没有常备军。就连由中央权力机构全部负责供给、完全为王室服务的官员都为数不多。女王伊丽莎白一世统治时的 16 世纪末前后，英格兰的政府官员约为 1200 名，其中一半专职管理王室的田野和地产，另外一半则供职于其他的管理分支。这样，大约每 3000 名居民对应一名王室公务人员，而在同时期的法国，约每 400 名居民就对应一位领俸禄的公务人员。该对比虽然存在一定的问题，因为当时法国盛行以钱买官，很多职务只是闲职，对国家权力的管理效率毫无益处，而官位买卖在英格兰几乎不存在。然而，以上数字还是可以清楚表明英格兰的中央政府行政机构的薄弱。

　　行政管理和审判司法工作主要依靠"治安法官"
(Justices of the Peace)。治安法官由王室任命，但无王
室俸禄，不领薪金。在人口急剧增长的年代，并且随着
王室对社会和经济的干预机制的愈发强大，这些从贵族
中选出的治安法官在维持社会秩序与治安的同时，逐渐
肩负了越来越多的职责。最终，他们需要负责三百多项
法律的应用，并需要履行大量职责：从桥梁道路的保养
到穷人救济和学徒制度的管理，甚至酒馆执照的颁发。
到 16 世纪，治安法官的数目翻了三倍，但这不仅仅是
因为他们的职责越来越多，因为大概只有半数的"治安
委员会（Commission of the Peace）"在真正运作。日益
增长的威望和该职位对贵族们的吸引力至少是一样重要
的原因。

　　国王把枢密院（Privy Council）——一个正在发展
成类似政府的机构——的成员和与王室亲近的人派往各
郡，并任命他们为治安法官，以此来影响各郡的"治安
委员会"，使中央政权的观点和利益能在地方得以实现。
国王还往各地方分派有特殊职责的专员，其中包括被委
以军事全权的"郡尉 / 民兵都尉（lords lieutenant）"。在
伊丽莎白一世统治的最后二十年，由于持续的战争，郡

尉最终成为永久性职位，并登上了各郡地方管理的权位顶端。然而，虽然担任郡尉的贵族因为具有军事功能而享有众多的权力和干涉能力，他们本人也象征着王室的权威，但是他们在执行职务时，却依然必须依赖与治安法官的合作。

由此，英格兰王室中央权力所受到的限制，即使在强大的都铎王朝也是清晰可见的。一方面，王室政府在具体实施规章制度时，一直需要治安法官的协助，而当具体事例违背治安法官的利益或观点时，王室总是很难联系到他们。另一方面，王室在选择任命治安法官时的自主决定权也受到极大的限制，王室必须选择一个郡内有声望和影响力的贵族，因为只有这些贵族具有足够的权威，可以让他们的决定获得足够的执行力。中央政府可以把个别令王室不快的贵族从"治安委员会"开除，但是最终治安法官这个职位还是根据社会等级地位生效。通常因为政治原因而实行的治安法官的停职也都只是暂时的。

在都铎王朝时期，不仅治安法官的职位，议会机构也更加清楚地展示了这一奇特事实：在英格兰，王室的壮大，几乎总是同时意味着潜在反对力量或另一交替影响中心的壮大。亨利八世实现的脱离罗马教廷，使英格兰国王的地位大大加强了，国王成了教会的最高首领。此外，君主王室还具有了些许教会的神圣性。英格兰的君王不仅在权力地位上，而且在气场上，都已俨然是政教合一（Cäsaropapistisch）①的至尊。甚至后来千禧年主义②的期望与"上帝般的统治者（godly ruler）"的国王联系在一起，都不是偶然。另一方面，通过教会的"国家化"，议会也变得更加重要、更有威望。对议会日益重要起到关键作用的是所谓的"宗教改革议会"，它在1529年选举成立，一直到1536年才解散，协助国王一起实现了与罗马教廷的脱离。兰克在他的《英国史》中对此做了贴切的评论："都铎王朝的原则，和亨利八世的喜好，都并不在于他想召集议会，只是议会对于他的宗教改革是必不可缺的。"教会的变革是在法律的基础上开展的，而这些法律是经过议会的同意才得以发行的。

---

① 政教合一，德文 Cäsaropapistisch，字面意思凯撒（皇帝）加教皇，指世俗领袖和宗教领袖合一。

② 千禧年主义是某些基督教教派正式的或民间的信仰，这种信仰相信将来会有一个黄金时代：全球和平来临，地球将变为天堂。人类将繁荣，大一统的时代来临以及基督统治世界。千禧年的到来并非意味着"世界末日"，但认为千禧年是人类倒数第二个世代，是世界末日来临前的最后一个世代。一些人相信在千禧年到来和世界末日到来之前将会有一个短暂的与撒旦或是敌基督交战的时期，之后就是最后的审判。

在这之前，还从来没有任何一个英格兰议会像"宗教改革议会"一样办理过如此巨大的立法方案，由此这个机构的权重也不得不大幅增加。因为"宗教改革议会"处理的事务的严重性，以及此次议会长达七年的（偶有间断的）召开，议会开始有了强烈的自信以及连续感。

法学家约翰·福蒂斯丘爵士（Sir John Fortescue）在15世纪就已经把英格兰的国家体制称为"政治与国王共治政体（dominium politicum et regale）"，并与法国的体制"王治政体（dominium regale）"做了区分。福蒂斯丘爵士认为，在法国国王是唯一的立法者；而在英格兰，法律只有在议会的同意下才得以颁发或取消。亨利八世通过决定与妻子阿拉贡的凯瑟琳离婚，以及由此最终导致与罗马教廷决裂，无意中证实了福蒂斯丘所认为的英格兰政法体制。偏偏是亨利八世这位"粗野的巨人君主"①，这位喜欢把自己表现为强壮的、天下事唯我决定的大人物，并且他的残暴特性好像也恰恰解释了都铎王朝专制统治的原因——偏偏是这位国王，为了

---

① 这句话引用自美国历史学家雷西·鲍德温·史密斯（Lacey Baldwin Smith，1922—2013），研究英格兰16世纪历史的历史学家，著作有《亨利八世：王室的面具》（*Henry VIII: The Mask of Royalty*）以及《凯瑟琳·霍华德：都铎的悲剧》（*Catherine Howard: A Tudor Tragedy*）等。

肆无忌惮地实现一个纯粹是他自己私人的决定，成为议会的促进者。

而且，不仅是"宗教改革议会"，这之后的各届议会也同样参与了宗教领域的变革。伊丽莎白一世登基后颁布的宗教新法规（1558），比她父王颁发的典令更加清楚、明确地建立在议会的基础之上。此外，她在纯粹的世俗基础上对宗教事务做出了决定。《信仰划一法》（Act of Uniformity，也译为《单一法令（1558）》）和《至尊法》（Act of Supremacy）在上院（House of Lords）没有得到任何主教的支持。与 1530 年不同，当时亨利八世在宗教问题上得到了很多主教的支持，而伊丽莎白的宗教法规完全是由非神职人员决定通过的，教职会议（convocation）甚至曾经明确地对她提出过抗议。对于议会职权的问题，这件事情也有着重大意义。同时期的托马斯·史密斯爵士①在他的著作《英格兰共和国》（De Republica Anglorum，也译为《昂格鲁共和国》）中列举议会权能时，明确指出一点，即它可以"规定宗教的形式"。

皇室通过宗教改革和解散修道院而获得的经济财政收益，并没能减轻皇室对议会的依赖，这主要因为亨利

---

① 托马斯·史密斯爵士（Sir Thomas Smith，1513—1577），伊丽莎白一世时期著名的政治学家。

八世在 16 世纪 40 年代所进行的战争。1545 年年末的时候，亨利八世已经濒临破产，到他逝世时，他所没收的修道院的三分之二已经转卖了出去，也正因如此，贵族相对于王室的经济力量加强了。因为通货膨胀，皇室缺少灵活的收入来源来应对快速增长的物价，再加上已经变得过于庞大的战争开支，王室召开议会的压力不但没比以前减小，反而更亟需了。

虽然伊丽莎白一世并不看重议会，并且在她执政的 45 年里只召开过 13 次议会（在她登基前的 30 年内，一共召开过 28 次议会），但是由于财政压力，她也从来不能放弃议会。除了一次例外，女王在她召集的所有议会上都请求议员批准征税。而恰恰是她自己的亲信大臣的影响，让议会这个机构受益匪浅。女王最亲近的智囊团，往往借助议会对经常在关键问题上犹豫不决或执拗倔强的女王施加压力。比如，因为伊丽莎白一世怀有强烈的王室团结思想，她一直迟疑，长期没有同意处死处于她的软禁中的玛丽·斯图亚特（Maria Stuart）。这使得智囊团不得不在 1586 年通过议会要求伊丽莎白一世处死这位苏格兰女王。不过，为了能够在 1587 年 2 月 8 日处死玛丽，议会还需要凭借一个阴谋作为定罪理由之一，玛丽或许确实参与了这个阴谋（刺杀伊丽莎白女王），或许也只是议会如此宣称。

尽管在 16 世纪末期，议会机构是否能继续保存下来的前景并不明朗，但是在这个时期，相对于在其他国家代表大会的停滞、荒废或完全废除，议会在英格兰还是有着很大的幸存希望。鉴于议会在制定法律时起着深刻的、决定性的作用，议会不仅仅获得了一个较为稳固的地位，而且比在中世纪更紧密地与英格兰民族认同感联系在一起。最重要的是，随着宗教新法规的颁发，行成了"王在议会"的概念——即由国王、上院和下院构成的"三位一体的议会"（埃尔顿[①]），这也是国家主权的所属处。事实上，在 16 世纪议会的规定已经明显比王室布召的号令更具优势，这也证明了议会的不可或缺。亨利八世甚至在 1542 年宣称，他在哪里都不如在议会中时具有更高的为王身份，在议会里，他与上下两院结合在一起，组成"国家"。

尽管如同时代的重要人物认为的那样，议会的上下院和国王一起被视为国家主权不可或缺的组成部分，但是国王和议会之间的权力分割问题依然悬而未决。"王在议会"的国家主权设想并没有明确如何保证这个概念

---

① 杰弗里·鲁道夫·埃尔顿爵士（Sir Geoffrey Rudolph Elton，1921—1994），历史学家，主要研究方向为都铎王朝。

里包括的几方长久地和谐合作，也没有说明当出现冲突时应以哪一方为重。在这个时期，伊丽莎白一世女王与国家的领导阶层之间基础意见协调一致，女王的威望也随着英格兰在 1588 年击败西班牙无敌舰队而达到顶峰，因此议会与君主的权力分割与制约关系的问题尚未凸显，但是在伊丽莎白一世统治的后期，它就已经有所苗头了。而接下来近 200 年的英格兰历史，将主要由这个问题主导。

第三章
革命的世纪

伊丽莎白一世政权下的和谐统一，在她的两位斯图亚特继任者统治时期瓦解了。在詹姆士一世时期，他傲慢地宣扬君主的特权，实施与伊丽莎白女王的节俭财政形成鲜明对比的铺张浪费的财政支出政策，虽然他在财政上的挥霍一定程度上有情可原——这位来自苏格兰的国王，有着他自己特定的需求，期望可以向英格兰贵族施加影响。在查理一世统治时期，国王与统治阶层的隔阂，在内源于疑似隐蔽天主教的高教会派①宗教政策，

---

① 高教会派（High Church）是基督新教圣公会派别之一，主张在教义、礼仪和规章上大量保持天主教的传统，要求维持教会较高的权威地位，因而得名。

在外则因为在天主教和新教相互斗争的三十年战争期间，国王所采取的中立政策。

主要由宗教问题引起的国王和本国统治阶层间的矛盾，导致查理一世在 1629 年决定，解散议会并从此开始没有议会的执政。没有了议会批准征收财税，他开始转向使用法律形式上可疑的方式征税创收，查理一世的个人专制统治看起来像是要把英格兰也带入专制主义阶段了。1639 年，苏格兰人起义反抗强加于他们的祈祷书，镇压苏格兰的战争爆发。由于财政压力，查理一世不得不在 1640 年召集了两次议会，其中的第二次议会，作为所谓的"长期议会"①被载入英格兰历史。在 1641年秋季，信奉天主教的爱尔兰发生叛乱时，"长期议会"的多数成员认为不能再仅仅只是保护私有财产的产权和保障议会机构本身的存在，同时也出于对查理一世本人的不信任，他们决定对当时公认的君主特权进行干涉。他们对君权进行干预的方式是：不同意由查理一世任命或指挥将要奔赴战场迎战爱尔兰人的军队将领。

这样的"安全激进主义"使许多温和派议员转而支持国王阵营，由此国王也有了自己的"党派"。双方都

---

① 1640 年第二次召开的议会存在了近 20 年，因此称为"长期议会"。

想通过战争一决高下，于是内战在 1642 年爆发了。议会派认为自己的合法基础是在中世纪就形成的自由的英格兰人应有权利的观念，以及议会是国家整体的代表的观念。与议会派的行为相对立的观念——王权的神圣不可侵犯则因为以下原因得以克服：一方面是人为对国王本人和国王职位的区分，另一方面则是强大的宗教推动力。许多坚定的国王反对派是虔诚的清教徒。他们把对君主的反抗，看作是宗教意义上的斗争，并辩称：人们必须听从于上帝，而不是某个人。引证上帝的优先至上地位，在内战后于 1649 年 1 月 30 日处死查理一世也起着一定作用。然而，议会为审判查理一世而建立的特别法庭，判处他死刑时所给的官方审判原因却完全是依据法律规定的，是世俗的——就是他对自己的子民发动了战争，造成了多人死亡。对国王的公共控告、审判、处以极刑以及对判刑依据的解释，不仅在英国历史，而且在世界历史上都意义重大。最重要的是，因为这些，人们才可以说，这个时期发生了英格兰革命。

虽然在经历了一段共和国和议会军将军奥利弗·克伦威尔（Oliver Cromwell）以及他的儿子理查德作为护国公统治共和国的插曲后，1660 年查理一世的长子又复辟了君主制度，但是君主理所当然的统治权已经被革命动摇了。马克斯·韦伯（Max Weber）写道："当一国民众能有一次对他们的合法权力主体说'不'时，民族自信心会得到加强，就算是——比如在英国——民众的仁慈后来又将权力主体呼唤回来。"君主展露出了自己的脆弱之处，他们神圣威严已经开始有所丧失。王权的复辟主要是被实用主义和机会主义推动的，通过保皇党在复辟运动中所占比例最低这个事实，也可以认识到这一点。革命另外做出的贡献是，引发了一个从国王身上剥离开的对国家和权利的理解。在英国，人们很早就开始区分国王和王国，至少从《大宪章》起就已经开始。这种区分在革命时代里得到了进一步加强，因为在没有君主的那些年，对共和国国土领域的称呼，依然保留了"王国"的概念。王国由此从"国王"身上解放开了。

另一方面，临时政府时期的经验和对"稳定"无果的尝试，表明了君主对维持稳定、法律安全和传统统治结构显然是不可或缺的。所以，英格兰革命的后果是非常矛盾的：一方面革命打破了传统，另一方面它又展示了传统机构、行为方式和观念信仰作为秩序维持因素的优势，甚至是它们的不可或缺。如汉斯-迪特·梅茨格（Hans-Dieter Metzger）[1]所述，英格兰精英对托马斯·霍

---

① 汉斯-迪特·梅茨格，德国人，近代史历史学家。

布斯的反感，主要因为他认为这些传统可以摒弃，并且统治主权仅仅来自人民自己的利益。

查理二世的弟弟——詹姆士二世继任国王，他直接挑衅攻击已确立为英国国教的安立甘教宗，导致了他和国家的统治阶层的新一轮全面隔阂和冲突。詹姆士二世信奉天主教，他想强迫英格兰接受他的宗教并享有同等地位，甚至用革命的方式，通过任命社会地位低的天主教徒和非国教教徒为治安法官，干涉了地方各郡的社会等级秩序。因此，当詹姆士二世的女婿兼外甥——奥兰治的威廉，荷兰的执政，在 1688 年 11 月 5 日主要由于外交原因来到英格兰时，詹姆士二世已经只能从本国精英阶层获得很少的支持了。威廉想确定英格兰是否要和法国结为同盟。因为詹姆士二世头脑不清地逃亡法国，这次来自荷兰对英格兰的干预，演变成了王朝变更。威廉和他的妻子玛丽——逃亡国王詹姆士二世的女儿——一起成为英格兰的新国王。在威廉和玛丽于 1689 年 2 月 13 日登基前，聆听了非常议会（Convention Parliament，也译为公约议会、惯例议会等）发布的《权利法案》（*Declaration of Rights*）①的宣读，并保证在临

---

① 本书使用英文为"Declaration of Rights"，全文为"An Act Declaring the Rights and Liberties of the Subject and Settling the

朝后会遵守该法案。

《权利法案》汲取了迄今为止议会在斯图亚特王朝的君主身上所积累的经验教训，并试图避免类似事情的再度发生。它明确规定未经议会批准所收取的财税是不合法的。此外，禁止收取过多的保释金或罚款，臣民有请愿权，新教徒子民允许拥有武器等规定也被写进了法案。《权利法案》还规定：议会必须是"自由"选举的，议员有自由言论的权利；禁止国王废止法律；禁止国王在和平时期未得议会批准情况下维持常备军。至此一直含混不清的军队的状态问题得以澄清，即军队受议会约束。

《权利法案》和在 1694 年通过的规定议会必须每三年选举召开一次的《三年法案》，以及接下来几乎不曾间断的与法国和詹姆士二世的战争，使得议会终于成为英格兰政治体系中的一个有机整体部分。可以说，自从 1688 年以来，下院不再仅仅是监督政府的工作，而是成为政府的一部分。在 17 世纪 30 年代和后来查理二世的统治末期，以及 17 世纪 80 年代詹姆士二世在位时期，英格兰看起来好像有些接近欧洲大陆上的君主统治模式，然而在这之后，英格兰的历史发展走向了欧洲大陆的绝对反面，比如德国在 17 和 18 世纪之交时期，已

Succession of the Crown"（《国民权利与自由和王位继承宣言》）。

不再举行各联邦的议会。

如果把发生在 1688—1689 年通过荷兰人入侵而导致的、英格兰人参与度并不高的王朝变更称为"光荣革命"（Glorious Revolution），那么基于君主统治的性质变化，"革命"这一概念的使用是可行的。君主对国家的统治权比以往都更多地受到了议会法律的限制。甚至可以说，在事实上，君主的统治权在很大程度上已经是由议会立法规定的。1701 年议会通过的《王位继承法》（*Act of Settlement*）更加强化了王在法下的特质。在安妮女王（玛丽的一个妹妹）的最后一个孩子去世后，因为没有直系的王位继承人，议会颁布了这部法律。《王位继承法》规定了王位继承的原则，将信奉天主教的王位继承候选人排除在外，以至于在安妮女王去世后，王位不得不传承给汉诺威选帝侯夫人以及她的后代。

由议会所规定的王位继承原则，对君主的特权和神圣不可侵犯性并不是没有影响，王室特权和至高权威都进一步受到了限制和折损。《王位继承法》中还写进了一些限制未来国王权限的规定。甚至，这项法律正式的全称就是"进一步限制王室和更加保障国民的权利与自由的法律"（An Act for the further Limitation of the Crown and better securing the Rights and Liberties of the

Subject），这在当时任何其他欧洲国家都是不可想象的。其中有一条规定为：法官只有在犯错时才可以被免去职务，国王不再能够随意罢免法官。

第四章
议会君主制度

随着乔治一世在 1714 年根据《王位继承法》登基，英格兰完全实现了议会君主制，并且是在双重意义上。虽然汉诺威王室对王位的继承权也一再被强调，但是汉诺威王室对英格兰的统治显然完全是以议会的决定为基础的。而议会也已经成为政治系统中不可或缺的组成部分。然而，仍然有两个问题悬而未决：一是君主本人在政府中所应占有的地位权重；二是政府和议会的合作方式。

在乔治一世和乔治二世时期，第一个问题并没有作为问题显现出来。因为这两位君主在英国王位上的位置还不稳固，并长期受到得到法国支持的斯图亚特家族王位继承人的威胁，所以他们更关心维护王位，而不是在政治上有所为、有主动权。第二个难题，在罗伯特·沃波尔①的领导下找到了政治上的解决方法。罗伯特·沃波尔在1721—1742年实际上担任了首相的职责，他成功地稳定了政治体系，把政府和议会紧密联系在一起。

政治系统的稳定，是在托利党的失势下才得以完成的。托利党自从17世纪70年代末期成立以来，就代表着正统的、严格的王位继承思想，他们对1689年的王权变换不满，尤其是对后来汉诺威王室的登基极其抗拒，甚至没有同意。罗伯特·沃波尔故意夸大托利党对斯图亚特王朝继承人的喜好，这在1715年后促进了托利党最终远离权力中心。确切地说，沃波尔时期的英格兰，其实是"一党执政国家"（引用普朗普②语）。在1688—1689年成形的政宪制度和汉诺威王朝的土壤中壮大起来的辉格党（Whigs），成为"自然而然"的执政党，可是辉格党内部并不统一，滋生了很多派别。

_____

① 罗伯特·沃波尔（Robert Walpole，1676—1745），后人普遍认为他是英国历史上第一位首相，尽管"首相"一衔在当时并没有得到法律的官方认可，也没有在官方场合使用，但有见于他在内阁所施加的影响力，他事实上就是内阁的掌权者。

② 约翰·哈罗德·普朗普爵士(1911—2001)，英国历史学家，以关于英国18世纪的历史研究和著作而闻名。

沃波尔不仅直接影响了受政府控制的选区的选举，确保忠于政府的备选人获选成功，并且还让另外的一大部分议员获得与他们利益相关的行政权职位。通过这些方法，沃波尔把政府和议会相连在一起。1716年，立法会议任期从三年延长至七年，于是选举次数与过去二十年相比大幅减少，这使得政府和议会的联系合作更加容易了。沃波尔利用王室可以颁发或分配的一切——官职、荣誉、契约合同以及养老金等，来影响和引导立法机构。他自己亲自控制着王室的恩赐和庇护权，为此投入许多时间和精力，也比他的前任更加放肆，但也更巧妙地使用这个方法。甚至连主教的任选也是完全遵循政治利益的，这些主教在上院有席位，因此对政府也很重要。沃波尔所担负的职责越来越多，政治体系对他的依赖性越来越强，以至于他最终可以这么说："任由他决定的人数之众多，过去无任何一人可及。"议会的影响力得到了系统性地增强，以至于到18世纪中期时，40%的下院议员都已经被吸纳入政府的赞助与庇护网之下。而恰恰因为独立于政府的郡议员一般不出席议会的会议，实际上可以说隶属政府一派的下院议员，是与会人员的大多数。这个"影响"机制以及政府庇护制的强势，在于它们与社会上普遍存在的私人庇护几乎无异，是沿着纵向、而非横向分布的社会结构衍生出的依赖关系和义务职责链。

沃波尔的系统有时会被过于简化为仅仅是收买议会的多数议员，事实上这套系统复杂得多，也微妙得多。不论是对待君主，还是对待议会的议员，沃波尔在政治上都是极其精明、灵巧的。他对待议会非常认真，也从来不能直接简单地命令议员服从他。沃波尔的权力并不是无限的，正如1733年的消费税法案提议的失败所显示，在大众坚定地表达出的反对意见中，在英格兰人视为"生来就有"的自由权中，伏匿着沃波尔的权力无法逾越的界限。

18世纪中叶后事实也证明，沃波尔的系统在特定条件下，并且在汉诺威王朝尚不稳固的前提下才可以运作。1745年斯图亚特王室最后一次大规模尝试复辟，引起很多恐慌，但最终以失败告终。在这以后，乔治三世得以完全合法、几乎毫无争议地在1760年登上王位。他的首要任务不再是担忧汉诺威王室在英格兰王座上是否能够存活，而是想像斯图亚特王朝时期一样，使王室重新成为政治上的积极活跃分子。他肆无忌惮地按自己的意愿任命大臣，并在毫无获胜希望时固执地在美洲进行战争，这让国王在英格兰的个人统治权限问题再次重新回到了议事日程上。并且，此时已成为在野党的辉格党认为政府庇护制逐渐成为日益严重的君主专制的工具。1782 年，罗金汉侯爵（Rockingham）短暂担任首相，辉格党重新执政，并在埃德蒙·伯克[①]的领导下开始进行"经济改革"，罢免了众多可以通过"腐败"在影响机制中被使用、收买的官员。小威廉·皮特（William Pitt the Younger）之后继续坚持改革，逐渐削弱了沃波尔所用战略的物质基础。英格兰在 1793 年开始对法战争，战争所产生的促进合并的压力起到了平衡作用，并且波特兰公爵（Portland）率领辉格党的大多数人于 1794 年进入政府，使得政府的根基前所未有地壮大起来。从长远来看，现代化党派制度的创造，保障了议会与政府之间的合作。各个党派以及议会党团纪律，形成了在沃波尔制度下通过庇护制才建立起的议会和政

---

① 埃德蒙·伯克（Edmund Burke，1729—1797），爱尔兰裔的英国政治家、政治理论家、作家和哲学家，他曾在英国下议院担任了数年辉格党的议员。他最为后人所知的事迹包括他反对英王乔治三世和英国政府、支持美国殖民地与之后美国革命的立场，以及他后来对于法国大革命的批判。对法国大革命的反思使他成为辉格党里的保守主义主要人物（他以"老辉格"自称，反制党内提倡革命的"新辉格"）。伯克也出版了许多与美学有关的著作，并且创立了一份名为《年度登记册》（*Annual Register*）的政治期刊。他经常被视为是英美保守主义的奠基者。

府间的紧密联系。

　　乔治三世在 1801 年反对以通过给予天主教徒更多的政治权利的方式与爱尔兰联合，这时国王的个人地位的问题再次显现出来了。乔治三世不仅阻止天主教的解放，迫使皮特退位，而且皮特还不得不向国王保证，再也不提及天主教问题。国王个人在政治上的角色地位问题甚至本来有可能发展成极为严重的问题：一方面，乔治三世从 18 世纪 80 年代起越来越受爱戴；另一方面，英国政府为了反对革命的法国和拿破仑，系统地提倡君主民族主义，把国王作为效忠焦点越来越推到中心位置。但是，对国王个人的身份地位的理解和乔治三世本身精湛的政治手段所埋藏的危险，因乔治三世罹患精神疾病得到了化解。乔治三世之前就曾多次患病，1810 年疾病复发后，直到 1820 年逝世都不再有能力执政。

　　英格兰在 17 世纪和 18 世纪曾面临过专制主义的恐惧——不管是国王的直接专制，还是在政府庇护制的基础上"大臣"的专制——在 19 世纪随着君主权力的减弱，都变得无足轻重了。

第五章
贵族、市民阶层及底层

从宪政历史角度看，自 17 世纪末期起，英格兰的政体就已经是议会君主制了。然而，从社会历史角度看，建立在几乎是垄断拥有土地基础上的贵族统治事实上直到 19 世纪还存在了很长时间；其他民众个别的、零星的、备受限制的政治参与，使得这种垄断贵族统治得以合法化并适当调整。议会几乎完全由贵族组成。占据着议会上下两院议席的贵族——正如兰克在他的《政治对话》一书中通过一方谈话者所述——"基本上构成了国家"。上院成员是大贵族（aristocracy），下院成员则是乡绅（gentry）①。在各地当地的环境中，议会成员的选举往

① 乡绅，英文 gentry，是英国封建社会中晚期出现的新兴

往是处于统治地位的贵族家庭验证自己的威严与社会优先地位的仪式。自18世纪上半叶起，下院这个代表机构也越来越具有世袭遗传的特质。1715年，下院558位议员中有234位议员的父亲曾经为下议院议员，而在1754年，这个数字已经上升为294。下院一些席位曾长时间内是某一家族的世袭财产。特别是在各个贵族家族相互协定履职议会席位而放弃竞争，使议员选举成为仅仅是赞扬与喝彩之后，寡头统治的雏形便形成了。高昂的选举成本在各郡尤其促成了竞争家族或团体的和解。

18世纪，"大贵族"在贵族统治中发挥着至关重要的作用，并对政治体系的运行贡献巨大。大贵族是一种中间力量——是政府与植根于当地、但往往狭隘短见的低等贵族的朋党之间的"权力经纪人（Power Brokers）"。作为可以决定很多"自治市镇"选举结果的选举资助人，他们可以协助政府获得多数席位。例如纽卡斯尔公爵（Duke of Newcastle）在18世纪20年代

资本主义生产关系的代表，但是定义界限较模糊，有学者认为乡绅包括四个土地占有者等级，认为乡绅包括男爵（baronets）、骑士（knights）、缙绅（esquires）和绅士（gentlemen）。还有乡绅自认为或被认为是"小贵族"。自都铎王朝起，乡绅中的佼佼者得以分享国家权力。直到19世纪中叶以后，随着诸多乡绅政治上的平民化，各级乡绅逐渐地归入到中产阶级的队伍。

掌控着 16 个下院议席，可供政府使用。据推测，1715年下院五分之一的议席由上院贵族（peers）控制着，至1785 年这个比例翻了一番。总体上看，可以称得上是大贵族所操控的"影响（influence）"的聚集与疏导。

在此之前的两个世纪里，相对于新兴贵族——"乡绅"，"大贵族"不得不接受其权势的丧失；在英格兰革命期间，上院甚至曾被临时取消。如果考虑到这些，那么这个小团体的重新崛起以及他们达成的空前绝后的权力集中确实让人惊叹。在整个 18 世纪，一共有来自 84个家族的一千左右的上院贵族（Peers）。他们几乎占据了所有的位高权重、可以盈利的职位——甚至包括教会：教会中非贵族出身的主教的比例从在 17 世纪早期和乔治三世时期的约 25% 降至了 4%。鉴于贵族所垄断的这些职位多数获利极丰，而其社会管理职能往往是多余的，或者劳动强度很低，人们甚至可以认为这是一种"大贵族寄生制（德文 Magnatenparasitismus）"。这些职位所创造的收益，使大贵族阶层比以前更优越地超脱出普通社会，与其他阶层的富裕女性继承人的联姻大大减少。埃德蒙·伯克在其于 1791 年 12 月出版的作品《法兰西事务思考》（*Thoughts on French Affairs*）中明确指出：英格兰的贵族阶层从来没有像这段时期这般具有排他性，也从来没像这段时间一样，只有如此少的人可以从贸易市民阶层上升成为上议院大贵族。

然而，我们不应该过于孤立地研究大贵族的社会地位。尤其是与同时期欧洲大陆的贵族阶层内部的巨大差距相比，英格兰统治阶层和贵族传统不仅没有分裂，而且还相对团结，这一点尤为引人注意且具有代表性。此外，通过乡村贵族日益完善的教育，在所有绅士（Gentlemen）平等原则的基础上，"大贵族"与"乡绅"的均质趋同成为可能。虽然直到18世纪末、19世纪初低层贵族中依然存在荒诞可笑的教养、教育缺失，但是相对于18世纪早期，"乡绅"的学识与素养已经有了明显进步。乡绅阶层在教育上的进步，有助于英格兰的统治阶层首先在文化层面定义自己，并以此与其他社会阶层区别开来。

英格兰贵族的实体统治工具很少，他们的社会统治地位主要归根于"文化霸权"，不同的历史学家关于这一点都意见一致，即使意见极为相左的历史学家汤普森①

---

① 汤普森（Edward Palmer Thompson，1924—1993），英国著名的历史学家、左翼政治活动家，是当代西方马克思主义历史学的重要代表人物，20世纪四五十年代曾是英共党员。1963年首

和克拉克①也是如此。根据汤普森的观点，这种"霸权主义风格"的特色颇具威慑力的装腔作势以及戏剧化的仪表举止，这种特点在法庭审判日尤为明显。另外，这种"霸权风格"还表现在建筑与景观设计上。

贵族通过建筑艺术表现着他们在社会与政治上所占据的主导统治地位，并试图把他们的统治权威像印章一样烙刻在大自然上。通过有时会牺牲掉数座村落而进行的建设与景观改造，贵族的乡村府邸（Country Houses）能够巧妙地在它们的居住者与拜访者心中留下主人坐拥天下无限财产的印象。贵族们把他们的"豪华府邸（Big House）"修建得雄伟庄严、气势恢弘，使它们看起来不只是世俗凡人的住宅。条条林荫道以府邸庄园为核心，通往不同方向，象征着府邸主人家族的中心重要性。华兹华斯②贴切地描述了贵族对自然环境的改造——把整

次出版的《英国工人阶级的形成》（*The making of the English working class*）和 1991 年出版的《共同习俗》（*Customs in Common*）是其重要的代表作。此外，"道德经济（moraleconomy）"是他提出的重要概念。

　　① 克拉克（Jonathan Charles Douglas Clark，1951— ），英国历史学家，主攻英国和美国历史，反对对 17 世纪末与 18 世纪历史进行马克思主义诠释，也是辉格史（Whig history）诠释的重要学者。

　　② 威廉·华兹华斯（William Wordsworth，1770—1850），

个国家都放进一套贵族制服内。贵族和他们的权力仿佛被镶嵌进了大自然似的，通过这样的方式，他们对天下的统治权显得自然且当然。

英格兰贵族位高权重的重要基础之一是他们对地方自治的参与，这使得他们的统治霸权得以奏效，可以实施家长式管治①，并证实了他们对社会管理职能运作的必要性。根据马克斯·韦伯的精准观察，"德高望重人士——'绅士'的自治"一直到 19 世纪的最后二十几年，依然是英格兰国家的标志。虽然贵族统治阶层对各郡地方自治的热情与投入也有过短期的下降，并在 18 世纪 30 年代明显跌落至最低点。地主贵族虽然非常乐意担任风光体面的治安法官，但是往往并不行使其职责，而是让牧师来进行具体工作，以至于牧师越来越像是"治安法官"。从 18 世纪七八十年代起，贵族重新开始

英国浪漫主义诗人，与雪莱、拜伦齐名，代表作有与塞缪尔·泰勒·柯勒律治合著的《抒情歌谣集》（*Lyrical Ballads*）、长诗《序曲》（*Prelude*）、《漫游》（*Excursion*）。桂冠诗人，湖畔诗人之一，文艺复兴以来最重要的英语诗人之一。此句所引的英语原文为"put a whole country into a nobleman's livery"。

　　① 家长式管治，德文 Paternalismus（英文 paternalism），被译为父权主义、父爱主义或家长主义，也有人译为"温和专制主义"或"保护主义"。

较为严肃地对待自己的职责。基本上——也是至关重要的——英格兰贵族保持了他们的政治行政任务。他们没有像法国贵族一样被君主排挤到无职无权的无用地位，保持了自己的存在合理性，并由此使自己不像法国贵族那样易受攻击。

英格兰贵族和贵族统治还具有一系列可以解释他们为何长期存在的独特性，那些特征使他们更容易为市民阶层和下层民众所接受，并使他们不像其他国家的贵族和贵族统治那么脆弱。其中包括：英格兰贵族向下的界限并不清晰，相对开放。从法律上讲，"乡绅"本来也属于"平民（commoners）"，他们与市民阶层没有区别。

对市民阶层来说，起着关键作用的是以下事实：近代以来，英格兰贵族的上层阶层没有把自己定义为武士莽夫，而是在文化上把自己定义为绅士、在经济层面则定义自己为财产所有者。与拿破仑时期的、革命的法国作战时期除外，那段时期英格兰贵族的军事化有明显加强。血统来源在英格兰不像在其他地方那么重要，这里也没有先祖验证。在这里，最重要的、最能赋予一个人社会地位的是财产。历史学家保罗·兰福德①甚至认为，早在18世纪，在英格兰就已经形成

---

① 保罗·兰福德（Paul Langford，1945—2015），历史学

了"有产者社会"，有产者与无产者之间界限分明，英格兰国家甚至也被这条分界线分割开来。这样的表述似乎有点夸张，它抹平了不同形式的财产之间的区别，忽略了贵族和非贵族财产所有者之间的地位差异，也同样忽视了"爵位贵族（titular aristocracy）"与纯粹的"乡绅"之间的不同。然而，没有争议的是，一种特定的财产思维已经形成了，并渗透到了各个领域，在教会面前也没有止步，甚至于在教会内的一切都被理解为财产——从牧师到可以出租的教堂座位。人们认为，国家职能首先是保护财产，而且这个意识如此之坚定，以至于很多其他国家职能——甚至抵御外敌——都是通过财产所有者的联合与捐助，由私人层面组织完成的。乔安娜·英尼斯①曾经指出以下重要的事实：在当时英格兰人的自我认识里，18 世纪的英格兰社会是一

家、牛津大学教授。著作有：《日不落帝国兴衰史：18 世纪英国》（*Eighteenth-Century Britain: a Very Short Introduction*）、《一个彬彬有礼的商业化民族 1727—1783》（*A Polite and Commercial People: England 1727—1783*）和《英国的公众生活与有产阶层 1689—1789》（*Public Life and the Propertied Englishman 1689—1798*）等。

① 乔安娜·英尼斯（Joanna Innes），牛津大学历史学系英国现代史教授，研究专长领域为 18、19 世纪英国社会政策与政治史，亦长期从事民主概念的跨国传播研究。

个"商业社会（commercial society）"。来自同时代德国的尤斯图斯·默泽尔[①]曾经作为游客游览英格兰，他不太友好地评论说："商业精神掌控着这里的领主，而军事将领像小商贩一样斤斤计较。"

与此相关的是连接起市民阶层以及市民获利意识的农业商业化，以及贵族地主阶层强烈的利润导向，而贵族的利益导向往往只受威望最大化原则的限制。此外，值得注意的是，除了在17世纪末和18世纪初有过相对较短一段对"金钱利益（moniedinterest）"的抵制，英格兰贵族愿意承认并考虑非农业的利益与财产形式，而且他们能够非常灵活地应对经济发展的需求。比如英格兰在1722年废除了本国生产商品的大多数出口税，并免除或降低了对本国生产商品所必须的进口原材料的进口税。在18世纪所谓的"交通革命"中，随着运河与长途公路的建设，英格兰的基础设施得到了极大的改善，而拥有土地的贵族并没有阻拦"交通革命"的发生，而是积极支持与促进革新。当得以完善的交通网络带来的经济利益与贵族地主的审美需求发生冲突时，会通过让

---

① 尤斯图斯·默泽尔（Justus Möser，1720—1794），德国历史学家、政治家和文学家，为德国的保守主义传统做出过开创性的贡献。

运河在地主庄园的视野范围内优雅地拐一个弯或者美化这段运河来解决矛盾。

工业革命本身也没有受到贵族方面的阻挠。原因之一是新工业地区的地价上涨，而贵族地主可以从中受益。另外，工业化最初只被认为是发生在局部的进程，而不是一个天翻地覆的、最终将危及地主贵族的统治的巨变。

很长一段时间里，新兴的工业企业家对贵族的持续统治没有感到不满或厌恶，因为如上所述，贵族非常灵活，且在经济上开明，新兴工厂主不认为自己的利益受到了损害。此外，议会中代表机制不均衡，比如曼彻斯特等重要城市在议会上没有代表，这些问题通过不同的因素得以调解，并减少了其负面影响。某些地区没有被充分代表的问题，通过以下方式得到了部分解决：邀请一些其他地区的代表居住在代表不足的地区，或是让其在这些代表不足的地区拥有地产，利益相关之后，他们便与这些地区紧密联系在一起了。此外，在下院没有代表的城市往往会派代理人（agent）前往伦敦，这样尽管这些城市的利益不能在议会中"被代表"，但是可以通过代理人在"议会外缘"与议员的沟通联络，使自己的利益得以代表。曼彻斯特就经常这样做。另外，在议会中没有代表权的城市或地区的利益，最终还可以部分通过其他利益形势相似的、有代表权的城市或地区的议员被代表。传统代表体制的捍卫者经常强调最后描写的这种调解的效果，并辩解式地改称之为"实质代表（virtual representation）"的概念。事实上，如果没有上述种种因素的补偿效应，很难理解未改革的议会怎么可能在一个议会机制越来越重要、经济与人口分布都发生了显著改变的时期存在那么久。

新兴工业城市在议会中没有代表，从企业家的角度来看，这甚至是一种优势，并且这一看法并不罕见，只要他们的利益通过其他方式被顾及了即可。这种心态与中世纪人们的立场——人们想方设法获得不去参加议会的特权——不可谓不相似。鉴于选举经常带来很多骚乱与动荡，而且选举持续时间过长，这并不令人感到意外。1696 年颁发的一项法律规定选举期限不可超过40 天，即便如此，这仍然是一段很长的时间，而且这个期限能否始终被遵守也比较可疑。1785 年，法律再次规定选举的最长期限为 15 天，但是由于选举伴随着动乱与酗酒，也让这样一段时间成为非常长的、不受欢迎的工作间断。汤顿市（Taunton）及其织布工业的衰落，甚至被归因于当地在 1754 年进行的一场异常激烈的、长时间无果的竞选。

对于市民阶层以下的绝大多数人——同时代的人通常称他们为"贫穷的劳动者（the working poor）"，尽管权力工具相对较少，贵族阶层却能够稳定地维持统治，靠的是恐吓与怀柔的相互结合，以及广泛惊人的共同基本信念背景。自然，这是一种会偶尔爆发无政府暴行的稳定，同时统治上层对混乱的容忍度相对较高。

共同的基本信念中，首先包含的是将英格兰社会所有阶级联合在一起的认识——自由英格兰人神圣不可侵犯的权利和英格兰国家的自由主义特色。国家的集体"身份认同感——我们"（引自埃利亚斯）主要通过共同自由的意识而形成。与这种自由思想结合在一起的，是对权力的普遍不信任，以及对任何被认为可能会侵犯英格兰权利的事物的高度敏感。这大多表现为对内部变化的怀疑或拒绝，而因为共同的政治基本理念，上层成员也能理解和重视这些怀疑与拒绝，虽然他们在具体情况下不一定持有相同态度。然而，"生而自由的英格兰人（freeborn Englishman）"的表达偶尔也会转向外部。自由主义的口号也可能被用于侵略和攻击。比如1738年春天，西班牙当局和英格兰船长之间因为对开往南美洲船只的搜查权问题而产生争端，这被英国一个力求激化冲突的圈子归入自由的范畴。他们把与西班牙的分歧描述成英国的自由与外国专制主义之间的抗争，"无权搜查"的口号成为为自由而战的呼吁。基本上可以说，在 18 世纪和 19 世纪的英格兰，这种以自由为中心的自我意识中含有仇外和民族主义的成分。

上等阶层对"自由的英格兰人"的原则以及人民大众所持有的与之密切相关的成见，大多数时候会产生共鸣，或考虑顾忌会非常多，并且代价颇高。因此，比如一直到 18 世纪末期，士兵都是被费心费力地、在充满小冲突的情况下被安置在客栈或私人住所，因为军营会让人联想到黩武主义或丧失自由（一直到反拿破仑、反法国革命战争期间，为了让军队远离可能会激进化的民众，英格兰才修建了军营）。同样，一般罪犯不会被判处刑罚劳动或长期监禁，因为这可以被看作是一种奴役形式。而且人们也担心，监狱的工作人员可以会被未来的暴君用来镇压国民，所以宁愿把问题外化，将罪犯流放到美洲殖民地，而且这也是成本最低的解决方法，1718 年的法律专门为此建构了法律基础。为英格兰人所憎恶的黩武主义也在很大程度上被外部化了：军队在英格兰国家以外的地方驻军，遇到战事时需要向外国援军求助，并向外国诸侯支付战争救援费用。在英格兰国内尽力避免黩武主义，促进了其在其他国家的发展。

海军舰队只能主要依靠自己的力量，而依照法国海军舰队储备的模式建立英格兰海军，显然是"非英格兰式的"，并且被认为会威胁到自由，所以英格兰采取了强迫手段。海军一些分队被委以"强迫征兵"的任务，战争时期在大街上强抓扣押海员和其他男性，或者去商船上抢人。对那些被强制抓走的人来说，著名的"英格兰人的自由"并不适用。他们中的很多人再也没能返回故土。据估计，在17世纪和18世纪，将近一半被强迫服役的海军最终都命丧大海。

英格兰各个阶层对警察部门都很反感，认为它会威胁到人们的自由，是一种军事机构，对其持拒绝态度，这导致了与反对黩武主义类似的矛盾结果。放弃设立警察机构就意味着，一方面越来越依赖极端严苛惩罚的震慑效果，另一方面，尽管人们在英格兰如此坚定明确地反对军事，但是为了维持安宁与秩序，必须不时求助于军队。一直到1829年，当时的内政部长罗伯特·皮尔（Robert Peel）才在《大都会警察法》（*Metropolitan Police Act*）的基础上，在伦敦首先建立了警察部队①（并且，这支警察队伍的制服经过精心设计，谨慎避免了任何与军方制服相似的可能）。虽然警察机构的设立后来

---

① 伦敦警察是世界上第一支属文职性质的警察部队。

也扩展到了其他地区，但是英国的国防大臣在 1891 年的一份备忘录中仍然写道：军队的首要任务是有效支持"联合王国所有地区的民事力量"。

在 18 世纪的英格兰，另外一个贯穿所有阶层的共同点是——英格兰是一个新教国家的强烈意识。在这种情况下，宗教以及宗教偏见在相当程度上将上层和下层阶层联系在一起。他们往往厌恶安立甘教会之外的不信奉英格兰国教的人，而那些人多数属于中产阶级。贵族阶层大多视自己为安立甘教徒。非国教教徒对很多贵族而言，在政治上是可疑的，因为他们被认为应该对英格兰革命负责，并且有倾向于共和国的嫌疑。他们在 18 世纪初期被贵族上层阶层的成员排斥的部分原因则是由于他们与金融世界的联系。这也是下层民众反感拒绝非国教教徒的原因之一。但他们被下层阶级厌恶的主要原因是，他们从来没有完全放弃旧清教徒要求人们在道德上进行"改造"的要求，哪怕是违背他人的意愿。

上层与下层之间最重要的联系是贵族实施的社会家长主义（德文 Paternalismus；英文 Paternalism），这或是出于信念，或是出于私利算计，或者是两者皆有。然而，不论在具体事件中的动机是什么，很多贵族成员的家长主义态度使广泛的底层民众感觉到他们的困苦与需求能够得到关心。此外，从伊丽莎白时代起，英格兰就存在法律规定的教区对穷人的救济，这形成了某种社会安全保障网。《济贫法》（*Poor Law*）是一种集体家长制。甚至连像汤普森这样深受马克思主义影响的历史学家都断言："总体来说，英格兰的穷人受到了《济贫法》和慈善的保护，不至于直接饿死。"

此外，被正式排除在政治体系之外的那部分民众，会以暴动、骚乱（riots）的形式非正式地参与政治。因为暴乱，官方不得不某种程度上顾及他们的一些利益和诉求。正如尽管很多城市在议会根本没有席位代表，而且几乎没有什么市民阶层的议员，但是市民阶层的人依然能够在议会使自己的权益生效，几乎没有选举权的、在下院也没有任何议员的下层民众，也可以让他们的利益诉求被表达出来。历史学家特里维廉①贴切地描述道：沃波尔时期的英格兰政府可以被定义为"由暴乱调和的贵族统治（aristocracy tempered by rioting）"。

18 世纪的英格兰见证了各种各样的暴动与骚乱。

---

① 乔治·麦考莱·特里维廉（George Macaulay Trevelyan，1876—1962），英国历史学家，撰写多部关于英国历史的著作。其中《英格兰史》（*History of England*）曾被中国法学家钱端升给予高度评价。

这些骚乱有的抗议食品价格过高，有的表达对征收公路使用费不满，有的是反对圈地运动，有的抗议海军强制征兵。工资冲突、招募士兵以及逮捕走私者或偷猎者都可能引起暴乱。另外，选举过程中也常有暴动，这些暴动大多数是为了使某个竞选人的选民远离投票选举而故意制造的，有时候也可能是因为民众感觉受到了某种方式的挑衅而引发的。

"食物骚乱（food riots）"是最常见的骚乱，占18世纪英格兰发生的各种骚乱的一半以上。这些骚乱的目的是强迫当局和富有阶层采取措施控制物价上涨，尤其是谷物、面粉和面包的价格，并阻拦粮食出口。在英格兰出口粮食、甚至为粮食出口支付国家补助时，这样的暴乱具有重要的经济意义。据估算，让地主和农民受益的出口补贴使国内粮食的价格上涨了19%。

一般来说，骚乱不是混乱无序、毫无纪律的。相反，它们大多组织良好，往往追求非常精确的目标，希望实现或防止某些具体的问题。它们通常以充满象征性的行为，向上层阶层、治安法官以及议会清楚地表示，参加骚乱的人们认为什么是不合理的，以及他们会在哪些方面坚持要求停止不合理现象或采取补救措施。

骚乱对现行制度也是有益的，它们是下层民众发出的警告信号，并且可以表明下层民众所认定的"合理"的界限；它们既是泄压阀，又是民意调查，使上层阶层能够在纠正民众所控诉之事时扮演家长式的角色。当骚乱成功时，它们可以让被正式排除在政治体系之外的民众感觉到，他们的要求可以发生作用、能够被顾及。

下层民众通过暴乱参与政治的缺点是，抗议活动有可能具有极大的破坏性，比如 1780 年在伦敦发生的"戈登动乱"（Gordon Riots）①那样，这次暴乱使上层阶层对暴动的容忍性大为降低。另外，通过暴乱参与政治还为英格兰后来的发展带来了两个负面后果。其一是，尽管上下层阶层之间存在一些共同的意识形态，起到了连接的作用，但是暴乱还是加剧了英格兰社会的明显分化：一方是在议会制定法律并占有统治地位的精英，另一方是人民大众，他们只能通过暴力或威胁使用暴力来抵御自己权益所受到的侵犯。精英阶层的主动作为和人民大

---

① 在 1780 年 6 月 7 日晚上，伦敦街头爆发了"戈登动乱"，原因是新教徒对放宽对天主教的政策感到非常不满，示威者到处放火，蔓延长达一周之久。这次骚乱具有规模大，自主性、参与主体层次低等特点。英国反天主教传统、城市意识崛起、伦敦特殊场域都促成了此次动乱的发生。骚乱也反映出当时英国的宪政危机和反体制动员的扩大化。究其原因，是战争压力下政府的低效腐败，最终直指宪政问题。

众的纠错行为所组成的共生体的第二个负面后果是：对于英格兰的下层阶层来说，建设性的新秩序发展的前景被阻碍了，而民众被动防御的思维模式得到了强化。

　　所有研究过英格兰18世纪的民众活动的历史学家，都指出了其民众性格中明显的被动防御性。另一方面，研究英国当今问题的学者常常看到它的弱点之一就在于防御和保守的文化，而不是积极进取和创造。而这种文化在工人阶级身上似乎又格外明显。拉尔夫·达伦多夫①写道："工人阶级的价值观中有一种奇特的被动。"出身工人阶级的理查德·霍加特②也强调工人阶级的防御性反应非常强烈，排斥任何一种变化。威尔·赫顿③

---

　　①　拉尔夫·达伦多夫（Ralf G. Dahrendorf，1929—2009），德国社会学家、思想家、政治家，一代自由主义思想巨人，自由派社会国家理论的代表之一，其思想深刻影响了二战后的德国社会学研究。达伦多夫生前在科学和政治领域担任过很多重要职位。1982年，达伦多夫被英国授予爵士头衔，1993年被授予勋爵。

　　②　理查德·霍加特（Richard Hoggart，1918—2014），英国社会学家。作为文化研究的奠基人，他终生致力于研究和维护英国的工人阶级文化。20世纪中期，他通过《识字的用途》（*The Uses of Literacy*）一书展现了自第一次世界大战至20世纪50年代的英国工人阶级文化面貌，从而开启了以阶级为维度的文化研究。

　　③　威尔·赫顿（Will Hutton，1950— ），英国经济学家、专栏作家。

也同样提到"纯反对性的工人阶级文化的传统",只关心"工作条件和抵抗剥削的旧回忆"。历史学家不得不自问,至今还在持续发生作用的行为方式,有多少是早在 18 世纪就已经在积极作为的精英阶层与被动反应的下层阶层之间的协作互动中固化下来的。

第六章

扩大的贵族统治

18 世纪末，英格兰传统精英阶层的统治虽然最初受到了法国大革命和由此在英格兰引发的激进运动的挑战，然而，这个时期英格兰的统治阶层正在与威尔士、苏格兰以及盎格鲁—爱尔兰（Anglo-Irish，也译为英裔爱尔兰）的统治阶层一起逐渐成长为大不列颠精英阶层，再加上总体上的战争胜利以及法国革命脱轨造成的威慑效果，英格兰统治阶层的地位反而更为巩固。虽然进行了长达 22 年的战争[①]，但是大不列颠依然得以避

---

① 即历史上所称的"法国革命战争"或"拿破仑战争"，长达 22 年的英法持久战，从 1793 年开始。

免被迫进入"防御性现代化"（引自韦勒[1]），因为英格兰不像欧洲大陆的国家那么直接地受到来自法国大革命以及拿破仑统治的冲击。英格兰领先的经济地位使它可以保持"旧制度（法文 Ancien Régime）"[2]中最显著的标志——旧的军事体系；财政优势使英格兰可以不必消减成本高昂、后勤费财费力的雇佣军。在这个欧洲大陆正在经历剧烈震荡与重大改革的时期，英格兰的国家制度没有发生变化。最多可以说，在法国贵族命运的影响下，精英阶层改变了他们的行为举止——他们变得更加积极、更虔诚、更道德了。

鉴于其在 17 世纪中期与革命的联系，改革的思想在英格兰本来就颇受质疑，而法国大革命再次令它备受诋毁。任何一种改变现在看起来都是可疑的，随时可能

① 汉斯—乌尔里希·韦勒（Hans-Ulrich Wehler，1931—2014），当代德国最负盛名的历史学家之一，德国的"社会科学历史派"代表之一。其代表作《德国社会史》（*Deutsche Gesellschaftsgeschichte*，五卷本）是德国近现代历史著述中的权威著作。

② 法国的旧制度：指的是法国由瓦卢瓦王朝到波旁王朝建立的、影响法国政治及社会形态的贵族制系统（建立在三级之上：皇权、教士和贵族），从文艺复兴末期开始，直到法国大革命为止，时间上为 15—18 世纪。旧制度的瓦解标志着法兰西第一共和国的建立。

被打上"革命"的烙印。而所有的现存弊端都因为源于传统而显得神圣，貌似对维护秩序是不可或缺的。任何一种不同意见都背上了"法国原则"的坏名声。

在18世纪七八十年代，改革议会、使下院席位分配①与国内人口和财富的分布相匹配的想法，在贵族阶层中曾有过众多支持者。甚至威廉·皮特（William Pitt）在被任命为首相后，在1785年的议会中也提出过类似建议。然而，在18世纪末和19世纪的前二十年，因为在法国发生的动荡，改革的思想在上层阶层开始受到普遍抵制。1815年后，经济危机导致平民改革运动爆发，其主要诉求是要求普选权以及每年进行一次议会选举，但与18世纪90年代初期激进组织的运动一样，最终以失败告终。平民改革运动的失败原因不仅仅在于国家（相对适度的）镇压政策，也在于19世纪20年代经济的繁荣发展，对改革运动来说，这使它失去了民众由于经济上的不满而形成的推动力。

另外，无论是拿破仑战争之后的平民改革者，还

---

① 英国议会分为上、下两院，上院是贵族院，贵族由世袭产生，不存在选举问题。真正由选举产生的是下院，由此下院是争夺的焦点。光荣革命后实行的一整套选举制度保证贵族可以稳操下院胜数，从而保证了大土地财产在国家政权中的优势地位。

是在他们之前英格兰革命期间的民主平等派①，或是法国革命期间的英格兰激进派，都认为选举权和议会的改革将是可以解决一切问题的万能良方，这一特点非常醒目。工人阶级是 19 世纪 30 年代至 40 年代宪章运动的运动主体，他们在 1838 年发表的《人民宪章》中要求普遍选举权、秘密投票、平均分配选区、每年进行一次议会选举、取消议员的财产资格限制以及为议员支付薪金。即使标榜自己为反资本主义的宪章运动也还是基本保留了之前激进主义的政治宗旨。对议会制度与选举活动并没太多好感的政治评论家托马斯·卡莱尔（Thomas Carlyle）在 1839 年发表的关于宪章运动的文章中嘲讽道，很长一段时间以来，英格兰人民总是怀有一种幻想，那就是认为议会与选举方面的改革可以治愈所有的弊端。对英格兰人来说，选举权已经成为一个固定观念。

甚至主要由社会穷困导致的平民运动，其诉求也集中表现为议会与选举权的改革，这一方面这反映出人们对社会问题长久以来的"诊断"并非完全错误，即经济弊端主要是由政治原因造成的，是由于腐败、频繁的

---

① 平等派（英文 levellers）是在英格兰内战（1642—1651）期间出现的一种政治运动。其主要理念是强调人权及选举权的普及，并强调在法律面前人人平等与宗教宽容。

战争、过多的苛捐杂税产生的，是由垄断者、高薪闲职者和银行家造成的；另一方面，平民运动的集中诉求也清晰体现出：以议会为中心既是上等阶层的特征，又是英格兰政治文化的标志。曾担任首相的诺斯勋爵（Lord North）写过一封信，在信中探讨了下院的选举问题，这一事实也充分表明了议会的焦点与核心地位。以下事实同样可以证明议会的中心重要性：1859 年 6 月 6 日，在著名的自由党建党会议上，与会人员出于习惯按照在下议院的座位布置，在位于伦敦的会议室内就坐，尽管房间里已经人满为患，他们还是在会议厅的中间留下了一块椭圆型的空地。

最初，中产阶级（Wirtschaftsbürgertum）很长一段时间没有参与对议会改革的宣传与鼓动。然而在 19 世纪 20 年代，中产阶级变得活跃起来，成功地迫使政治体制进行了改革并使自己被纳入"议会阶级"，这是拿破仑战争后的平民激进运动未能实现、也是后来的宪章运动不可能实现的事。虽然平民激进运动的诉求一直只是局限于政治改革，并明确以宪法为基础，但是却一直背负着威胁社会的罪名。而中产阶级的改革运动却没遇到这样的困境，虽然他们在改革过程中曾以革命作为威胁。

中产阶级能够在 19 世纪 20 年代提出改革议会的要求，有多个原因，其中最重要的是，法国大革命的威慑作用已经随着时间的推移而减弱，其引起的"对改革的封锁"已被克服。并且，随着日益增长的财富，中产阶级面对地主阶层也变得更加自信。此外，此时的国家经济理论对土地所有者的评价也更具有批判性。古典政治经济学家李嘉图①极尽严厉地写道："地主阶级的利益始终都是和社会整体中其他阶级的利益相对立的。"最重要的是，随着工业化的持续发展，人口与财富的分布与下院席位的分配之间愈发不成比例。工业城市在 19 世纪 20 年代人口迅猛增长：曼彻斯特、伯明翰（Birmingham）、利兹（Leeds）和谢菲尔德（Sheffield）这几个城市在 1821—1831 年之间人口增长超过 40%！

---

① 大卫·李嘉图（David Ricardo，1772—1823），英国古典政治经济学的主要代表之一，也是英国古典政治经济学的完成者。李嘉图早期是交易所的证券经纪人，后受亚当·斯密《国富论》一书的影响，激发了他进行经济学研究的兴趣。他研究的领域主要包括货币和价格，对税收问题也有一定的研究。李嘉图的主要经济学代表作是 1817 年完成的《政治经济学及赋税原理》，书中阐述了他的税收理论。1819 年他曾被选为上院议员，极力主张进行议会改革，支持自由贸易。李嘉图继承并发展了亚当·斯密的自由主义经济理论。他认为限制政府的活动范围、减轻税收负担是促进经济增长的最好办法。

一大批人在 19 世纪 30 年代左右才终于开始认清，工业革命将是一场不可逆转、会引起天翻地覆的变化的整体进程，对于这些人来说，旧的议会代表体制已经是不可忍受的了。

然而，问题在于如何让守旧的议会进行自我改革。经历了一段时期党派政治的混乱后，具有政治意识形态竞争特征的两党制度又逐渐得以恢复，各党又开始寻求面对竞争对手时自己的竞争优势。这时，议会改革的一个机会出现了。辉格党曾于 1797 年在议会上提出了一项激进的改革方案，但在这之后，他们的改革热情就逐渐消退了。如今，他们重新呼吁进行议会改革。在过去近半个世纪内，除了两次短暂的间隔外，辉格党一直位处在野党，因此他们已经对旧制度几乎没有什么好感，这个事实也促使他们呼吁改革。此外，"与王室的'秘密影响力'而战"的旧口号失去信服力后，辉格党一直在寻找新的政治存在的理由。面对来自市民阶层的要求，他们主动将自己呈现为阶级妥协的党派，并自诩为固守与变革两种力量之间的平衡稳定因素。对议会进行一场改革，符合辉格党对英格兰历史的解读的，这种具有英格兰特质的、循序渐进的修正，能够实现对已改变的状况的必要适应，并通过对宪法"基本框架下从属部分的修改"来维系宪法的基本原则。

议会在 1821 年已经因为腐败问题而取消了康沃尔郡（Cornwall）格兰庞德（Grampound）小城的代表权，并将其两个下院席位转判给了约克郡（York shire）；而在 1828—1829 年间，歧视非安立甘教宗新教徒和天主教徒的法律被废除。这两件事已经在旧制度中打开了一个突破口。于是，在辉格党政治家格雷伯爵[①]领导下于 1830 年所组建的政府，开始着手进行代表制度与选举体制的改革。从约翰·罗素伯爵（Lord John Russell）[②]于 1831 年 3 月 1 日公布第一版改革方案到国王于 1832 年 6 月 7 日签署改革法（Reform Act），这一段时间在政治上极其动荡。在此期间发生过议会解散、重新组织大选，格雷伯爵政府短暂的集体辞职，全国几个地区规模不小的骚乱与破坏行动，改革方案的两次修订，以及

[①] 格雷伯爵即查尔斯·格雷（Carles Grey，1764—1845），于 1830—1834 年担任英国首相，领导通过了 1832 年的选举改革法案。

[②] 约翰·罗素伯爵（Lord John Russell，1792—1878），19 世纪中期英国著名政治家，老派辉格党人和自由党重要创始人。在第一次议会改革中，他做出了重要贡献。罗素不仅在政坛上表现突出，同时还是一位著名的史学家，1821 年出版的《从亨利七世在位到现代的英国政治制度史》奠定了他在辉格史学派的地位。

最终争取到的国王的同意——册封足够多的改革派贵族，以实现在上院表决中获得多数来通过改革提案。改革的结果是一场"半革命"（引自白芝浩①），虽然代表与选举制度发生了深刻改变，但是本质上并没有触及社会权力的分配。

1832 年的《改革法》开放了选民资格，英格兰与威尔士的选民在原有的 44 万的基础上，增加了 20 万，这意味着选民增加了 45%（苏格兰通过相应的改革法案增加的选民数量远远更多）。现在，18.4% 的英国成年男子具有了选举权。所有拥有或租赁房产，并每年为此房产亲自缴纳至少 10 英镑税款的人现在都可以投票选举了②。于是，"自治市镇"中一些在 1832 年之前具有

---

① 白芝浩（Walter Bagehot，1826—1877），英国最著名的经济学家、政治社会学家和公法学家之一。白芝浩一生的著述，都采取了评论的形式，文风简洁明晰而又机智风趣，时有警句。这些文章后来被编为五本文集，即《英国宪制》（*The English Constitution*，1867）、《物理与政治》（*Physics and Politics*，1875）、《隆巴特街》（*Lombard Street*，1873）、《文学研究》（*Literary Studies*，1879）与《经济研究》（*Economic Studies*，1880)。

② 1832 年的改革法案开放了选民资格。在市镇中，年收入在 10 英镑以上的房户主和年付 10 英镑以上房产租赁者，在郡乡中，年付 10 英镑田土租税的 60 年长期田地租用者、年付 50 英镑田土租税的短期田地租用者及年付两英镑地税的自有土地者

选举权的下层民众，如今在从政治参与体系中被完全排除在外。这令支持资产阶级改革运动的工人阶级很不满，他们成为 19 世纪三四十年代宪章运动的主要驱动力。

1832 年的《改革法》重新分配的下院席位意味着城市市民力量在议会代表机制中得到加强。56 个"自治市镇"在下院失去了代表席位，而 42 个新兴"自治市镇"则在议会中获得了代表席位。然而，这种重新分配并不意味着市民阶层取得了压倒性的胜利。旧的土地统治阶层在某些方面的比重甚至得到了增强。这一方面是因为（他们所控制的）各郡的下院席位数量的增加，另一方面则是因为在各郡实行了"恢复农业化"。获得了自己的代表权的"自治市镇"，脱离了周边各郡，于是各郡变得更为乡村化，从而比以前更加受限于"乡绅"的控制。

此外，改革法案增订的"钱多斯条款（Chandos Clause)"①加强了地主阶层的影响力。此条款在各郡赋

皆享投票权。选民总数由 50 万增加到 81.3 万，更多中上层的中产阶级取得选举权，选民占全国人口 3% 左右。

① 1832 年《人民代表法》(*Representation of the People Act*)第 20 条的俗称，也称作《改革法案》(*Reform Bill*)。它给予各郡下列人员议会选举权：1. 原期限不少于 60 年的土地持有人，并且在剩余期限中该地产每年的产出价值不少于 10 英镑；或原期限不

予那些没有长期租约的租户以选举权，由此增添了一个特别依赖地主的选民群体，而他们的选举行为在依然公开的投票表决中很容易被操纵。

鉴于《改革法》对地主阶层的上述积极影响，一定程度上可以说，地主贵族的政治权力在1832年的改革中不但没有被减弱，反而得到了加强。无论如何，现存的统治制度得到了保存与巩固，这正符合辉格党的意图，他们也常常公开表达这种意图。辉格党在下院极富感染力的发言人——历史学家麦考莱[①]，在1832年3月2日曾这样总结他对改革法案的看法："进行改革，是为了能够维系传统（Reform, that you may preserve）。"麦考莱的演讲清楚地表明，改革提案意在重新赢得中等阶

少于20年，并且在剩余期限中该地产每年的产出价值不少于50英镑；2.每年支付租金不少于50英镑的承租人。此条款列入该法源于白金汉公爵（Duke of Buckingham）的长子——钱多斯伯爵（Marquess of Chandos）在下议院的动议，其因此而得名。

① 托马斯·巴宾顿·麦考莱（Thomas Babington Macaulay，1800—1859），也译为"麦考利"，英国维多利亚时代早期辉格派历史学家、政治家。1822年曾在剑桥大学研习法律。1830年被选为议会议员，1839—1841年任陆军大臣。第一次鸦片战争前竟诬中国首开衅端，力主侵华。1847年在爱丁堡竞选失败退出政界。此后，撰写《自詹姆斯二世和威廉三世即位以来的英国史》(即《英格兰史》)，另还有《古罗马叙事诗》等作品。

层，让他们感到满意，并与他们长期联合，以使他们成为现有制度的支持者。这意味着，传统统治阶层过去在遇到个别对安定与秩序构成威胁时小规模范围内惯常实施的手段，将大规模地发生：拉拢中产阶级。女作家乔治·艾略特①在她的小说中让激进的工人费利克斯·霍尔特（Felix Holt）对改革法案做出以下评价："它不过是辅警的效忠宣誓，以便让大贵族们可以维持他们的垄断地位。"1815年后，平民改革运动的领袖亨特（Hunt）曾经非常准确地判断，改革法案想要拉拢中产阶级，巩固国内腐朽的制度，并使辉格党能够"尽可能地沿用过去的方式执政"。

改革提案的保守意图尤其表现在辉格党的期待中——这次改革就是最后的改革，至少应该在很长一段时间内保持效力、无须改变。麦考莱在1831年给一位朋友写信说，希望直到他孙辈的时候才有必要对已经改革的议会再进行变革。辉格党的这种期待没有认识到，政党制度的竞争压力已经为1832年的改革法铺平了道路，在这一次成功推进变革之后，这种党派竞争的

---

① 玛丽·安·埃文斯（Mary Ann Evans，1819—1880），笔名乔治·艾略特（George Eliot）。此处所提的小说为《激进分子费利克斯·霍尔特》（*Felix Holt, the Radical*）。

威力更将大大增加。事实上，在第一次改革法颁布不到20年后，"进一步的民主化，已经上升为党派之间竞争、拉拢民意的主要议题。"在双方几次失败的尝试后，第二个改革法案于1867年出炉，并且由于竞争形势所迫，最终比大多数议员所设想或希望的都更为激进。新的改革法案不但赋予"自由市镇"中缴税户主以选举权，连每年可以支付10英镑以上房租的次承租人也拥有了选举权。通过新的改革法案，英格兰和威尔士的选民人数增加了一倍多。

然而，第二个改革法案依然不意味着贵族统治的终结，一直到19世纪的最后二十几年，贵族统治才开始瓦解。政府与议会只是逐渐地失去了贵族的特性（在军队与外交部门，贵族特色保持的时间最久）。从构成上看，实施了1832年的改革法案的格雷政府是18世纪以来英格兰最贵族化的政府。帕默斯顿①在1859年所组建的

_____

① 亨利·约翰·坦普尔，帕默斯顿勋爵（Henry John Temple, Lord Palmerston, 1784—1865），也译为"巴麦尊"，两度担任英国首相（1855—1858，1859—1865），三度担任外交大臣（1830—1834，1835—1841，1846—1851），奉行内部保守、对外扩张政策。他发动侵略中国的第二次鸦片战争，挑起与俄国的克里米亚战争，镇压印度民族起义，支持美国南北战争时的南方奴隶主集团。

内阁，由七位上院贵族、两名上院贵族的儿子、三位从男爵（baronet）组成，只有三位大臣没有贵族头衔。直到1867年，商业、工业与航海业在下院依然仅有122名议员，而地主阶层在下院有500多名议员代表。此外，下院中有326名成员与大贵族有直接亲属关系，而那些大贵族本来在上院就有自己的代表机构。虽然现代化的政党名称已经开始逐渐成形——辉格党成了自由党，托利党则称自己为保守党，但是它们的贵族特性仍然保持了很长时间。自由党依然由大贵族的辉格家族成员来领导，而保守党则主要是"乡绅"的党派。

地主阶层在政治上的主导地位几乎被认为是英格兰的宪政特征，可以说英格兰的宪政体系是"领地宪政（territorial constitution）"。保守党政治家迪斯雷利[①]在1848年时提到，必须要保持英格兰的"贵族基本制度（德文 aristokratische Grundordnung；英文 aristocratic

----

① 本杰明·迪斯雷利，第一代比肯斯菲尔德伯爵（Benjamin Disraeli, 1st Earl of Beaconsfield，1804—1881），英国保守党领袖、三届内阁财政大臣，两度出任英国首相（1868、1874—1880），他在把托利党改造为保守党的过程中起了重大作用。在首相任期内，他是英国殖民帝国主义的积极鼓吹者和卫道士，他任首相期间，大力推行对外侵略和殖民扩张政策。他还是一个小说家，社会、政治名声使他在历任英国首相中占有特殊地位。

settlement)"。时任首相的帕默斯顿在 1864 年写道:"根据我们的社会习惯和我们的政治组织,拥有土地是政治影响力和政治权力直接或间接的来源。"

这样的政宪理解以及与之相应的地主统治阶层能够如此之久地保有实际主导地位,是由一系列原因造成的:贵族依然保持着非常强大的经济地位,贵族统治不像以前那样遭到憎恨,精英统治阶层顾忌普通大众舆论与看法,同情中产阶层所提要求,甚至一定程度上理解与同情平民激进运动。

如果首先研究过 19 世纪大不列颠贵族统治的经济基础,那么会发现,贵族的统治并不像所想的那么落后、过时。在贵族的统治中尤其反映出,农业依然具有重要的经济意义,而绝大部分的财富被掌握在土地所有者手中。另外,下院中工厂主议员数目之低,证明了贵族的清闲对参与政治活动的优势,以及对资产市民阶层来说同时积极参与经济生活与政治的困难。

传统地主阶层的统治不容易受到攻击,首先在于 1846 年谷物保护关税的取消。保守党首相罗伯特·皮尔爵士(Sir Robert Peel)主动废除"谷物法(Cornlaws)",并因此造成了保守党的内部分裂。他想要解除贵族与他们所表现出来的自私的农业保护主义之间的危险联系。

贵族统治阶层要证明，他们从更高的角度思考，以国家利益为导向，并且愿意为他们所统治的国家尽其所能来减少贫困。上述的最后一点——减少贫困，是需要通过自由贸易政策来实现的目标，基本上正是英格兰统治阶层在 18 世纪困难时期以社会家长主义的方式，借助经济调控与干预手段已经成功实现过的事实。

皮尔（Peel）关于统治政权的论点，表明了与取消粮食关税以及 1832 年实行议会改革相关的保守意图。不论是取消粮食关税还是进行议会改革，首要目的都是为了维系旧秩序。贵族的统治应该变得不那么被民众所憎恶，并由此得到保障。事实上，在取消"谷物法"之后，城市市民阶层对地主统治阶层几乎不再怀有较大敌意了。相反，同时代的观察者——例如小说家安东尼·特洛勒普（Anthony Trollope）——更多注意到的是，大多数的市民阶层成员对拥有贵族头衔的人们是多么的恭敬，就像他们相对于底层民众的社会地位也是建立在社会荣誉与所受敬重的基础上一样。"工厂主激进主义"（塞尔[①]）的代表仅仅把反对粮食关税的斗争看作是全面反抗贵族统治的开始，他们对市民阶层卑躬屈膝的做法感

---

① 杰弗里·罗素·塞尔（Geoffrey Russell Searle，1921— ），英国历史学家。

到非常失望。他们的领导人理查德·科布登①在1862年曾写道:"我多么希望能够教教商人和工业圈子里的人们如何自尊自重啊!"三年后,他又声称,蓬勃发展的中产阶级根本谈不上抗争过"封建主义"。恰恰相反,他们正忙着在纹章院研究家族徽章呢。

对于19世纪中期的英格兰贵族统治来说,工业革命(不论今天可以看到多少局限性)发生后,灵活性是至关重要的。这种灵活性不仅仅局限于取消粮食关税。自由党甚至认同自由贸易,并完全把城市工业化的英格兰作为基础。尤其是出身商人家庭的自由党政治家——格拉斯顿②,他担任财政大臣时所制定的税收与海关政策迎合了中产阶级的利益。另一方面,他的虔敬与政治道德化的倾向引起了强烈的情感共鸣,这使他尤其受到非安立甘宗新教徒的广泛支持。他的个人魅力以及动员

---

① 理查德·科布登 (Cobden Richard, 1804—1865),英国政治家。他被称为"自由贸易之使徒"(Apostle of Free Trade),是英国自由贸易政策的主要推动者。他领导一众商人成立了反谷物法联盟 (1839),最终成功促使议会在1846年废除谷物法。

② 威廉·尤尔特·格拉斯顿 (William Ewart Gladstone, 1809—1898),英国政治家,曾作为自由党人四次出任英国首相 (1868—1874、1880—1885、1886以及1892—1894)。在19世纪下半叶,他和保守党领袖本杰明·迪斯雷利针锋相对,上演了一场又一场波澜壮阔的政治大戏,被学者称为最伟大的英国首相之一。

追随者的能力已经指向了大众民主的时代。甚至在帕默斯顿身上——他对国民大众的观点、意见极其敏感——也具有上述的相似特点。亚历山大·赫尔岑①甚至评论帕默斯顿为英格兰"最好的晴雨表",他总能最精准地显示中等阶层的冷热状态。帕默斯顿曾一再呼吁不列颠沙文主义,在1857年由于发生在中国的冲突(指第二次鸦片战争)而引发的普选中,他成功地打出民族主义的王牌,赢得了选举。帕默斯顿于1865年逝世之后,保守党领导迪斯雷利沿用了他的策略。以上三位政治家在他们自己的政党内都有一定的类似局外人的地位,因此尤其依赖广大民众的支持。尽管他们的出身、性格和观点存在很大的差异,但是他们共同搭建了从寡头政治通往民主政治的桥梁。

自17世纪以来,地主统治阶层与民众运动之间一直存在着某种联系,这对贵族阶层持久的主导地位并非无关紧要。其中部分原因在于,对王室、政府和权力普遍不信任的"国家意识形态"与各种流行的激进主义的

---

① 亚历山大·赫尔岑(Alexander Herzen,1812—1870),是俄国19世纪解放运动中突出的作家、革命家、思想家,长期流亡西方,反对沙皇专制主义。他的一生对于俄国革命起了伟大的推动作用。

强烈的认同感。但是汉诺威王朝的君主们首先对托利党、继而对辉格党长时间的疏离，使他们远离政府权力，也是原因之一。这加强了被排除在权力之外的贵族成员对中央政权的不信任，增强了他们的自由意识，促进了他们争取、拉拢较低阶层。18 世纪以及 19 世纪早期所有的激进改革运动都拥有来自上层的支持者。

即使在 19 世纪三四十年代的宪章运动期间，精英阶层除了坚定地维持统治权之外，对下层民众的利益也依然存有一定程度的理解和同情，这使得统治阶层通常不会采取极端行动或绝望措施。新济贫法大大激怒了宪章运动者，这是他们发起运动的推动力，家长式的托利党也反对新济贫法①。另一方面，执政的辉格党以他们极具贵族特色的自信，视自己为自由的党派与人民权利的护卫者，因而没有由于托利党受到惊动而对宪章运动采取轻率过激的举动。军队将领——少将查尔斯·内皮尔爵士（Sir Charles Napier）在英格兰北部被任命为司令，是抵制暴力的宪章运动的重要人物。可他恰恰对

----

① 1834 年辉格党政府通过《济贫法修正案》，这是 1601 年以后最重要的济贫法，史称新济贫法。该法规定受救济者必须是被收容在习艺所中从事苦役的贫民。所内的生活条件极为恶劣，劳动极其繁重，贫民望而却步，被称之为劳动者的"巴士底狱"。因此从 1834 年起，反对新济贫法的群众运动兴起。

参与宪章运动的工人特别同情，他试图避免任何冲突，对贫苦的纺织工人怀有诚挚的怜悯，并且认同宪章运动对普遍选举权的要求。

然而，通常情况下贵族参与群众运动，只是一种另辟蹊径的做法，这与他们的平等主义倾向毫不相关，而是另一种贪欲。1815年后的时间里，织工诗人塞缪尔·班福特（Samuel Bamford）在一个支持平民改革运动的贵族的庄园里时，感到自己只是"非常卑微的客人（very humble guest）"。他不得不认识到，社会阶层之间的分界线并不会因为政治合作而被打破。班福特所谓的"阶级主义（classism）"的感觉依然存在，与此相似，后来的作家乔治·奥威尔（George Orwell）[1]相似地称之为"英格兰和英格兰儿女的诅咒"。

评论家威廉·哈兹利特[2]在他关于拜伦勋爵（Lord Byron）的一篇文章里解释了为什么一些贵族持有激进心态。他以这样一个人的心态做了类比——这个人厌倦了自己的立场，假装自己是另外一个人，并从中感受

---

[1] 乔治·奥威尔（George Orwell，1903—1950），英国著名小说家、记者和社会评论家。代表作《动物庄园》和《1984》是反极权主义的经典名著。

[2] 威廉·哈兹利特（William Hazlitt，1778—1830），英国散文家、评论家、画家。

到了异样的快乐。这与拜伦勋爵的"自由主义"没有什么两样。他要求"平等原则"，但是这并不妨碍他同样要求享有贵族的特权。亨利·詹姆斯（Henry James）的小说《一位女士的画像》（*Portrait of a Lady*）中的女主角受到与此极为相似的方式的教导：一些贵族所代表的激进主义是非常理论化的，不过是对他们奢华的一种加冕。因为他们的"进步思想"，他们觉得自己"非常道德，但是他们不会损害自己的地位。他们非常看重自己的地位。他们中无论谁宣称不是这样的，你都不要相信……"

第七章

民主化进程与发展为福利国家

19 世纪七八十年代，在一系列因素的共同影响下，贵族统治开始摇摇欲坠。农业萧条和粮食价格下降，使他们丧失了统治的经济基础，而 1872 年实行的无记名投票和 1884 年的选举权改革则剥夺了其政治基础。1884 年的《选举权法》（*Franchise Act*）赋予农业工人选举权后，无记名投票对地主阶层来说更加不利。第三次改革法案总共使大约 60% 的成年男子具有了投票选举资格。政治制度的重点从乡村转移到城市。与《选举权法》密切相关的《议席重新分配法》（*Redistribution Act*）重新分配了 138 个议员席位，并规定实行单选区制，即一个选区只选出一名议员。伦敦的议员人数从 22 个增至 68 个。

第三次议会改革的效果在下院的社会构成中立竿见影。地主阶层的成员第一次在下院不再占有多数，并且比例随着每次选举越来越小。19 世纪的最后 10 年，工商业阶级在下院席位中占微弱多数。自然，此时的问题是，这一改变是否还具有重大实际意义，因为这一时期土地拥有者和中产精英本来也正在日益共同成长为一个统一体，并且他们在保守党内有着共同的政治发言人。

地主阶层在上院的统治地位比在下院持续时间长很多，而他们所占的超比例比重在政府里持续时间最久。总体来说，地主贵族的势力消退是一个非常漫长的、渐渐发展的过程。大卫·康纳汀[①]微妙地讽刺描写了这一过程："与欧洲其他国家的大贵族不同，英国贵族没有成为内战、武装入侵、无产阶级革命或者军事失败的受害者。与他们自己对英国历史的辉格派解析相称一致的是，19 世纪中期最强大的贵族逐渐地、和缓地走向了没落……"

---

① 大卫·康纳汀爵士（Sir David Nicholas Cannadine, 1950— ），英国历史学家，代表作《英国贵族的没落》（*Decline and Fall of the BritishAristocracy*）等，英国公众、尤其是君主生活中的时事评论员和广播员。

创建政治民主和实施社会保障政策中的渐进主义，与贵族的逐渐没落是相应的。这两个层面上的转变，在1884年改革法规之后的下一次巨大的民主化进程推动中相互联系在一起，那就是1911年《议会法》(*Parliament Act*) 的通过，这部法律是剥夺贵族权力的决定性的一步。

在保守党连续10年执政后，自由党在1906年的下院选举中获得了压倒性的胜利。因为格拉斯顿 (Gladstone) 坚持爱尔兰自治 (Home Rule)，自由党陷入了多年的政治困境。现在，他们显然已经重新找到了出路。此外，世纪之交的布尔战争①所引发的帝国主义热情开始有所冷却，保守党政府由于颁发用公共资金为教会学校提供资金支持的法律激怒了非国教信仰者，因为这违背了他们所代表的政教分离的原则，自由党因此从中受益，赢得了选举。1906年的选举，是英国历史

---

① 布尔战争，是英国与南非布尔人建立的共和国之间的战争。历史上一共有两次布尔战争，第一次布尔战争发生在1880—1881年，双方议和结束。本文所指为第二次布尔战争 (Second Boer War)，发生在1899—1902年。从表面上看，英国人打赢了这场战争，将其在非洲的领土扩张到前所未有的辽阔。然而，英国动用大量人力物力，还调动了其他殖民地参战支持，用了三年的时间才征服了布尔人这样一个小小的民族。在战争中，英国已表现出自己的虚弱，其地位在其他欧洲列强眼里已降低。各国都不支持英国的战争，英国已深深感到自己的孤立。

上最后一次宗教问题在其中扮演重要角色的选举。

自由党现在受到社会政治上更开明的"新自由主义（New Liberalism）"的影响，虽然在选举中大获全胜，但是在实施自己的立法方案时却依然受到主要由保守党贵族组成的上院的反对。在上院否决了下院通过的数项立法后，在自由党财政大臣劳合·乔治（Lloyd George）于 1909 年提出"人民预算"法案之际，两院之间的冲突终于爆发了。这项预算计划为社会保障政策提供资金，并且鉴于德国的海军军备的日益强盛而不得不增加扩建战舰的支出，为此预算法案针对富有阶层大幅提高了税收。地主阶层尤其受到新税的冲击。1909 年 11 月，上院以 350 票对 77 票否决了这项财政预案。对于这一被前自由党首相罗斯伯里伯爵（Lord Rosebery）称作"一流的社会和政治革命"，旧式的地主精英进行了政宪史上史无前例的抵制，因为至此之前，上院从来没有在财政法规方面行使过否决权。

1910 年举行了两次重新大选，结果导致自由党政府不得不依赖爱尔兰议员，于是爱尔兰问题再次展开，而 1911 年《议会法》也终于得以通过。《议会法》剥夺了上院否决财政政策的权利。另外，其他所有下院制定的法律预案，上院只有权将其最多拖延两年。新的法规得以通过，主要依靠新登基的君主乔治五世（Georg V），他勉强答应了在必要时册封足够多的新贵族，以威胁上院通过法案。于是，1832年第一次改革法案成形时的一幕再次上演。英格兰宪政制度的赞扬者们一再颂扬的国王、上院、下院的三权分立，在宪政发展的关键阶段被证实为稳定因素，使革新变化成为可能。

此外，由1911年《议会法》所引发的民主化的推动进程，并不局限于削控上院权利。《议会法》还将立法议会的期限从七年缩短至五年。如果说《1716年七年届期法》（*Septennial Act 1716*）开启了"寡头政治的时代"，那么1911年《议会法》则是大不列颠民主化进程中的一座里程碑。

1918年的《人民代表法》（*Representation of the People Act*）又一次推动了民主化进程。像普鲁士的三级选举制（德文 Dreiklassenwahlrecht）一样，大不列颠的有限选举权也因为第一次世界大战而处于重压之下。历史学家皮特·克拉克 (Peter Clarke) 一言中的地描述道，战争在英国同样使工人变成了战士，他们提出无可辩驳的要求，要求被作为公民对待。普鲁士的保守派坚持抵制工人阶级的权利诉求直至最后一刻，与此不同，英国的保守派对工人阶级妥协了。

通过 1918 年的《人民代表法》，所有的成年男子从此都具有了选举权。以往的选举制度把很多人排除在外：大部分的士兵、救济金领取者、无自己住房的仆役、某类寄居者以及一些与父母同住但是没有自己独立房间的成年男子。前三次的改革使选举权与财产之间的传统联系变得更加理性，对拥有财产的要求降低了，但是原则上从来没有放弃财产要求。而现在，财产要求被完全取消了。特别是由于居住地规定，事实上原来约有 40% 的成年男子被排除在选举权之外，现在他们也拥有选举权了。于此同时，30 岁以上的大多数女性也被赋予了选举权。英国的发展始终以改革渐进主义为特征，选举权的逐渐普遍化也再次印证了这一特征。直到 1928 年，30 岁以下的成年女性才获得选举权。相对于其他国家的民众代表制度，英国的威斯敏斯特（Westminster）议会是政治制度中实际的权力中心，恰恰因此，英国上等阶层长期以来畏惧普选权，然而，在第一次改革法案近百年之后，普选权终于还是全面实现了。

同时，这为政党制度的改造提供了基础，也为独立的工人政党的出现创造了前提条件。19 世纪中期的宪章运动之后，并没有出现属于工人阶层自己的政党。宪章运动之后发生的是英格兰工人的"去激进化"，绝大多数工人主要集中于通过工会活动来实现自己的利益。究其原因，一方面在于王权与议会在意识形态上所占有的霸权地位，另一方面则因为有产统治阶层以"集体谈判（collective bargaining）"的方式允许了自由的工资协议。在政治上，工会主要倾向于支持与跟随自由党。19世纪80年代中期，一些辉格党人和金融资产阶级退出自由党，从那时起自由党就成为一个主要为中下阶层和工人阶级服务的党派。虽然在19世纪末，人口的75%属于工人阶级，但是直到1900年工会才决定为工人运动提供政治支持。自由党并不愿意在下院选举时提名工人为议员候选人。最主要的是，在罢工等劳资纠纷中工人采取行动时，自由党缺乏对工人阶层的法律保障，这最终导致了"劳工代表委员会"(Labour Representation Committee)的成立，并最终在1906年更名为工党(Labour Party)。其他较小的社会主义团体，比如基尔·哈迪(Keir Hardie)于1893年成立的"独立工党（Independent Labour Party)"，也参与了工党的建立。然而，工党直到1918年才制定了一个社会主义的党纲，并且从很多方面看，工党依然只是工会的一个附属机构，而工会则通过其坚实的投票集团控制着党代表大会。

与其他国家的工人运动不同的是，英国的工人运动没有被第一次世界大战持续分裂，尽管工人运动内部所代表的立场不尽相同。相反，英国的工人运动惊人地利用了战争经济框架下合作中对工人阶级的优势，并同时从针对外交与战争政策的批判姿态中受益。在英格兰强大的道德传统下，这种批评在知识分子中尤为盛行。在1918年的大选中，工党赢得了22.7%的选票，一举替代自由党，成为代表进步的最重要的党派。1924年，工党第一次组阁政府，当然，这是一个短命的、少数派内阁[①]。

上等和中等阶层对普选权的恐惧导致民主化的进程旷日持久，他们的恐惧不仅没有随着1918年的《人民代表法》而消失，反而变得更为剧烈，并直接具体表现为对工党崛起的恐慌。作为抵制这种危险的手段，人们再三考虑建立一个大型的联合党，或者保守党与自由党长期结盟。在1914年以前，当时两党的领袖政治家已经针对第一次世界大战之前最后几年的种种问题讨论过结盟的设想，但是当时的讨论没有取得任何成果。

1915年，一战期间，各党组成了联合政府，起初由自由党的阿斯奎斯（Asquith）继续担任首相，在1916

---

① 1924年1月，在自由党的支持下，工党成立了第一届工党政府，但仅仅执政了9个月便下台。

年之后则由同是自由党人的劳合·乔治接任。战后联合政府首先继续执政，直到 1922 年因为保守党后座议员的反抗才解散。而联合的理念——尤其是考虑到工党——对一些政治家来说无疑依旧是最理想的选择。

当然，"联合政策"无论是采用正式联盟还是重新组建党派的形式，几乎都没有必要了。两次世界大战期间保守党占据主导地位，保守党自己就几乎已经实现了联合。保守党成功地将社会上工人阶级以上的大部人联合起来（尽管如此，他们依然赢得了很多工人的选票）。1926 年，煤矿业的劳资冲突引发了全国范围的大罢工，中产阶层一致抵制工人大罢工，保守党所实现的这种联合，在此向外表现出来了，并且在共同反对有组织的工人阶级中得以实现。然而，发生的一切依然符合上文已经提到过的英格兰传统——上层阶层的个别成员，比如自由党的前陆军大臣霍尔丹（Haldane）、甚至保守党首相鲍德温（Baldwin）的儿子，都为工党效劳。而且，这种联合也并不是以大规模、粗暴的形式出现，不像德意志帝国①煽动反对"帝国的敌人"（德文 Reichsfeinde）

---

① 德意志帝国（德文 Deutsches Kaiserreich，英文 German Empire），通常指从 1871 年勃兰登堡—普鲁士完成德意志统一到 1918 年霍亨索伦王朝最后一任皇帝威廉二世退位为止的德国，也

和"无祖国之流"（德文 vaterlandslose Gesellen）。相反，英国的这种联合反对工人阶级，是更为精致的英国式的，是通过社会负面的固有偏见实现的，形式上表现为拒绝工人们所谓过分的、危及经济稳定的经济诉求。

此战略的结果是 1918 年工党所赢得的地位进一步中立化，以致工党在 1924 年和 1929 年都只能组建少数派内阁，而政府的活动余地非常受限制。此外，第二届工党政府更是因为在面对世界经济危机时的混乱无策而陷于瘫痪。1931 年，失业人员救济金问题导致了工党的分裂，并造成了一个由保守党和部分自由党组成的"国民的"联合政府，由拉姆齐·麦克唐纳（Ramsay MacDonald）继续担任首相，与几个工党大臣执政。这个联合政府在 1931 年和 1935 年大选中获得绝对性的胜利，其重心明显在于保守党。1935 年麦克唐纳卸职后，保守党领袖斯坦利·鲍德温（Stanley Baldwin）接任首相一职。两年之后，同为保守党人的尼维尔·张伯伦（Neville Chamberlain）继任首相。

面对纳粹德国，张伯伦采取的外交政策为几乎不惜一切代价来维系和平，通常以"绥靖政策"来描述这种

被称为德意志第二帝国，因为神圣罗马帝国通常被认为是德意志第一帝国。

政策的特征。张伯伦所属的保守党在 1918 年之后的内政策略，与其外交政策一样，在很大程度上为的是维持大不列颠原有的社会制度与权力分配。张伯伦的外交政策尤其受到一种意图的引导，即避免出现一战中工人阶级的崛起及其组织的强化。

张伯伦所预见到的可能由战争带来的不良后果，最终确实发生了。第二次世界大战比第一次世界大战更加强化了英国的工人运动。身材魁梧、充满自信的工会领袖欧内斯特·贝文（Ernest Bevin），于 1940 年 5 月与其他工党政治家一起加入由温斯顿·丘吉尔（Winston Churchill）所领导的更为扩大的联合政府，成为工人阶级权力的象征。相反，绥靖政策和将国家引向濒临失败的无能，使保守党领导阶层的威望大受影响。

内政权力的重新分配和在战争期间对工人阶级的依赖，导致不仅要考虑工人们对营养、工作条件、社会福利等提出的现实要求，还改变了关于战后秩序重建的视角。当时的普遍认识是：战后不应该仅仅是一切恢复到原有状态。在战争的影响下，自由民主的概念扩展到了社会与经济层面。甚至连《泰晤士报》（*The Times*）在 1940 年也宣称，一个只想着选举权，而忘记工作权的民主，配不上"民主"这个名字。

1944 年 6 月 21 日，贝文在下院就劳动人民奔赴战场为国效命与承诺战后建设更加美好的社会之间的关联发表了一次演讲，令人印象深刻。贝文讲到他和丘吉尔一起送别即将征战北非的英国士兵之际，士兵们仅仅提出了一个问题："欧内儿（英文 Ernie，是其名字 Ernest 的日常缩短形式，较为亲近的人之间称呼），如果我们给你办好了这件事，等我们回来后，还必须靠失业救济金过活吗？"贝文说，他和首相的回答都是"不"，而这个回答不应该只对这些勇敢的人，还必须对"子孙后代"都成为现实。

还在战争期间，人们就已经开始了策划战后秩序重建，其中最重要的《贝弗里奇报告》（*Beveridge Report*）。这份报告发表于 1942 年 11 月，设计了一个包罗万象的、统一的社会保障体系。虽然这份报告的名称看上去枯燥无趣、非常官僚主义，但是它马上就成为畅销作品，售出了 65.3 万份。自然，不是所有的人都接受这份报告所提的设想。英国雇主联合会的主席曾说，英国打仗不是为了改善社会福利，而是为了让秘密国家警察（德文 Geheime Staatspolizei，缩写为 Gestapo，因此有音译为盖世太保）远离英国。甚至丘吉尔一开始也轻视了这份报告，尝试把《贝弗里奇报告》中设计的问题向未来拖延。

然而，面对大众对这种态度的失望，他不得不在1943年3月的一次电台讲话中表示，将支持"从摇篮到墓地"的全面社会保障制度。

然而，民意调查显示，绝大部分的民众对保守党的保证持怀疑态度，并在1942年末就已显示出选民对工党的倾向。在1945年7月的选举中，工党以明显优势赢得了大选，获得了47.8%的选票，而保守党只获得39.8%，这一结果甚至令工党领导团体自己都大为吃惊，他们中的一些人本来甚至想要继续推行联合政府的。工党获胜的原因主要在于工人阶级投票行为的变化。20世纪30年代还有50%的工人选民支持保守党，此时这个比例已经下降到30%。这变化显然与一种根本性的转变有关，并且与人们对上等阶层的敬畏的减少也有关系。大众观察组织（Mass Observation）1944年的一项调查表明，通过战争，人们的被动消极、宿命论和逆来顺受的情况有所减轻。

如果说，第一次世界大战导致英国开始了民主化进程，那么第二次世界大战则导致了其加速福利国家的建设。选民们通过1945年7月的大选，将公民的政治权利的概念补充至社会保障权。在福利制度建设中，工党政府所实施的社会改革延续了一战前自由党政府所制定的社会保障法的做法，因此，把劳合·乔治视为英国福利国家奠基人并非没有道理。政府1906年决定为多子女家庭的儿童在学校提供免费膳食，1909年推出了对社会弱势群体的养老金，1911年引入了有限的失业和医疗保险。工党政府在1946年颁发的《国民保险法》（*National Insurance Act*）与《国民医疗服务法》（*National Health Service Act*）的新颖之处在于，全体国民都被覆盖在内（虽然人们依然可以自主选择，是否再额外购买一份私人保险）。这种全民普遍性消除了附着于公共救济之上的耻辱标记，这是1834年新济贫法特意制造出来的，也构成了该法案的存在目的。1948年7月5日，英国正式成为福利国家。这一天，在工党左翼领袖比万（Bevan）的领导下，英国的国家医疗服务体系（英文National Health Service，简称NHS）成立了。

尽管社会的财富分配几乎没有改变，私立学校还经历了前所未有的蓬勃发展，但是对于工党政府所创建的制度来说，"福利国家"这个术语并不是一句空话——朗特里（Rowntree）的调查证实了这一点。调查显示，1936年约克（York）有超过30%的人口生活在贫困线以下（这一令人震惊的调查结果于1941年发表，对《贝弗里奇报告》起着决定性的影响），而在1951年贫困人口只有 2.8%。虽然朗特里很有可能对事实的判断过于乐观，才得到这个良好的调查结果。然而，不仅艾德礼（Attlee）政府的社会保障立法，还有战后年代的充分就业，都对贫困人口的下降起到了至关重要的作用。失业问题貌似已被消除，失业率从 1946 年的 1.7% 下降到 1951 年的 1.1%。充分就业以及艾德礼领导下创建的福利国家，1951—1964 年间在温斯顿·丘吉尔、安东尼·艾登（Anthony Eden）、哈罗德·麦克米伦（Harold Macmillan）以及亚历克·道格拉斯－霍姆（Alec Douglas-Home）的相继领导下，在长期执政的保守党政府中也得以维持，尽管彼时大力强调的个人消费主义与艾德礼政府所推崇的伦理道德是相违背的。保守党在维系福利制度方面，可以追溯他们的社会家长制传统，这种传统最终起源于贵族的家长主义，以及"贵族义务"原则。另外，麦克米伦是 20 世纪 30 年代为数不多的受凯恩斯（Keynes）理论影响而认真参与反失业计划的政治家之一。麦克米伦甚至在 1936 年宣称："托利主义一直以来都是家长社会主义的一种形式。"

然而，因为英国经济能力不佳，1945 年所选的福利制度道路长此下去是充满问题的。艾德礼（Attlee）政府未能制订长期计划来保障经济生产力的提高，也没有通过引进工会共同决议来改善工作环境，这都造成了日后的困境。在此，胜利国的身份反而表现为不利于英国，因为这导致了某种民族自满，阻碍了必要的改革以及对流传下来的、已成固习的行为方式的反思。用进步的社会福利与充分就业政策奖励战争中表现出的民族团结，并把这种团结留存至和平年代，似乎就已经足够了。

此外，高昂的军费开支是一项直接的沉重负担，并常常间接损害经济发展，因为这促使外汇流出、给英镑造成压力并导致政府采取遏制经济发展的措施。英国的军费开支始终远远高于联邦德国在国防事务上的支出。1950 年，英国的军费支出在占国内生产总值中所占的比例甚至超过了美国。其中部分原因在于英国在德国占领区的开销以及冷战。1950 年，当与苏联的军事冲突似乎迫在眉睫时，工党政府通过了大规模的军备计划。这项计划迫使工党政府在国家医疗服务体系中实施病人部分自理费用，这又进一步导致了比万的辞职，以及从此以后工党内部的长期分裂。

英国高额的军事支出的另外部分原因却在于他们对大国身份和帝国地位的执着。人们不应忘记，科布登 (Cobden) 早在 1835 年就警告过，西班牙是由于"跨大西洋的野心"而衰落的，英国是否也面临着类似的命运呢？可是，工党政府也尚不甘心放弃英国的大国角色。艾德礼和他的外交大臣贝文（Bevin）以万分的理所当然推动了费用高昂的核武装。而且，对于帝国地位，英国人是能不放就不放。如果他们被迫退让——就像1947年印度独立时一样——他们也会尝试在其他地方建立战略替代阵营，并在已经独立的国家诉诸"非正式帝国（informal empire）"的传统，虽然不进行正式统治，但依然对那些国家施加政治和经济影响。这种相对灵活的维护地位的策略受到了美国的支持。对于英国在亚洲和非洲的地位，美国在冷战期间对此的态度相比二战期间更为积极。

外汇问题为英国以这种或那种方式坚守海外领地提供了一个特殊的理由。甚至可以说，在大英帝国历史上，对海外领土的利用和发展的经济压力从来没有像1945年之后如此紧迫过。因为二战之后美元短缺，工党对在美洲殖民地的经济开发寄予厚望，当时人们还认为非洲殖民地的独立还遥不可及。可以说，自从约瑟夫·张伯伦担任殖民地大臣（1895—1903）以来，1945年组阁的工党政府比任何一届政府对利用帝国的可能性的设想都更宏大。艾德礼甚至曾经询问，是否可以让非洲军队承担印度军队那样的角色，成为英国外交政策和作战工具。

时任住房大臣的哈罗德·麦克米伦在 1952 年 6 月的一份内阁备忘录清楚表明，一方面的经济窘迫和另一方面的大国幻想以及对衰落的恐惧，在二战结束后很长一段时间内还制造着帝国愿景。这位后来成为首相的保守党人在备忘录中指明了，鉴于英国经济的竞争弱势必须加强与英镑区（Sterling area）的贸易。然而，他同时也看到其中的机会，即可以重建大不列颠"国家与帝国的强势"，并开启"福地愿景"。麦克米伦用以下言语结束了他的备忘录："在国内，我们面临着日益激烈的阶级斗争，并感到挫败，这种挫败感导致了我们否认所有现存的制度；同时，我们很有可能将面临英联邦的解体，以及我们沦落为二流国家的惨境。除了无畏地宣传一种能够激发民众、重新竖立他们的骄傲与信任的政治，我看不到其他任何可以走出困境的方法。我们的选择只有两个——或者衰落为破败泥泞的社会主义，或者奋进为第三大英帝国。"很少有人像这位大英世界帝国末期的、保守党领袖政治家在他的备忘录里一样如此直白清楚地表达社会帝国主义的战略。而这一战略，也很少像在这个时间点一样如此不切实际。

如果说以上走向第三大英帝国的呼吁因其显著的

社会帝国主义视角而显得是帝国思想的极端代表，那么关于帝国传统的塑造力，保守党和工党政府之间却是没有任何区别。工党的领袖盖茨克尔（Gaitskell）在1962 年的党代会上反对英国加入欧洲经济共同体（英国于 1973 年才加入欧共体），并呼吁历史意识①。他还回忆起第一次世界大战中，英国的军队和自治领的军队并肩作战的情景。于 1964—1970 年和 1974—1976 年担任首相的工党机会主义政治家哈罗德·威尔逊（Harold Wilson），基本上来说，只有两种信念：对君主制的信仰和对帝国的信仰。

---

① 盖茨克尔声称，如果英国加入欧洲共同体，那将意味着"千年历史的终结"。

第八章

从日不落帝国到英联邦

　　帝国的维度，对于理解英格兰历史比对理解自古以来任何一个国家的历史都更重要，尽管英格兰人进入殖民扩张的时代和开始海外帝国建设的时间都比较晚：他们没参与 15 世纪末与 16 世纪对美洲的占领（1586 年在弗吉尼亚建立的英格兰殖民地据点没几年的时间便消失得无影无踪了）；对美洲金银财富的掠夺，英格兰也只能间接参与——通过被伊丽莎白一世女王所支持的海盗对西班牙城市的抢劫以及对西班牙商船的劫掠。

　　英格兰在殖民地领域最初的"克制"主要源于以下两方面原因：一方面爱尔兰就像是自家门口的一块殖民地。16 世纪末，英格兰还正在全力以赴应对爱尔兰，试图征服这块自中世纪起英格兰君主就艰难对其行使主权的土地，并使之殖民化。另一方面，英格兰自身的实力还不足以进行远洋海外活动，尤其是王室的财力还相当薄弱，不能像西班牙和葡萄牙王室一样自己统筹指挥扩展殖民地活动，也做不到通过国家来管理、剥削殖民地。甚至连伊丽莎白时期对西班牙的海战在很大程度上也是以私人的形式进行的，女王在此过程中作为"私人企业家"、以谋利为目的与她的几位大臣联合起来。对一些英格兰人来说，参与对抗西班牙的战争（1585—1604），就像对法百年战争（1337—1453）一样，主要是一种商业行为。这种动机的缺点是，英格兰的将领对掠夺西班牙的城市更有兴趣，而不是击沉西班牙的战舰。

尽管英格兰在最初具有这些弱点，但是从长期来看，英格兰具备两个前提条件，最终促进其崛起、并最迟在七年战争（1756—1763）结束后成为世界领先的航海、殖民地与贸易大国。其中最重要的是：在发现美洲新大陆后，欧洲的重心从地中海转移到了大西洋，这使英格兰从中受益无穷。英格兰由此从边缘化的存在变成了政治与商业关系网的中心。英格兰的岛国地理位置，是其另外一个有利的前提——虽然岛屿的地理位置并不能为英格兰提供防御外敌入侵的可靠保障，但是这使英格兰人在面临入侵危险时，可以集中依靠海军进行防御，而海军是世界政治活动的重要工具，也就是说，英格兰的防御手段，同时也是向世界进取的手段。

由詹姆斯·汤姆森（James Thompson）①创作的短诗，后来经由作曲家阿恩（Arne）谱曲，成为了近两百多年来在无数重要场合被社会各阶层的人们传唱的爱国主义国歌："统治吧，不列颠尼亚！统治汪洋之波涛，不列颠人永不为奴！（Rule Britannia, Rule the Waves, Britons never will be Slaves.）"这短短的诗行，清楚表明了在英国人的意识中，海军保家卫国与争夺天下的功能何等紧密地混杂在一起。英勇而坚决的"永不为奴"的宣誓，保卫自由与独立的坚定决心，在这首诗歌里虽然并不太合乎逻辑地结合在一起，却极为贴切地说明了英国海军的地位以及其意欲统领世界海域的诉求。

与英格兰相比，那些竞争对手——最早是西班牙，后来是荷兰，很长一段时间是劲敌法国，最终是德国——

---

① 詹姆斯·汤姆森（James Thomson，1700—1748），苏格兰出生的英国诗人，其最著名的诗作是无韵体的《四季》，共五千余行。他最著名的短诗《统治吧！不列颠尼亚！》（*Rule, Britannia!* 又译为《不列颠万岁》或《伟哉英国》），由作曲家托马斯·阿恩（Thomas Arne）在18世纪40年代谱曲，成为最著名的英国爱国主义歌曲之一，也是英国海军军歌。

由于地理位置，这些国家不仅在海洋战略上处于劣势，而且从来不能像英格兰人一样完全集中精力发展海军。所以，虽然法国在18世纪也曾数次准备"海军冲刺"，大幅度提高海军军备，但是每次又都不得不中止计划，因为对法国来说，最终陆军的强大更为重要。在第一次世界大战爆发前夕，德国也以极为类似的方式最终意识到，必须优先重视陆军军力。

只有当某一个强国能够在欧洲大陆成功建立起绝对霸权时，它才能将其所有的资源都投入到海军军备建设中，继而才能打破英格兰的海上优势。因此，防止这样一个霸权统治的形成，并且始终在欧洲大陆拥有盟友，以抗衡潜在的挑战者，这一切都符合英格兰的利益。通过资助盟国，英格兰得以在大多数时候将自己的陆军保持在较小规模，把精力完全集中在控海权上。这种方针也为英格兰国内的工商业发展创造了有利条件，因为社会的军事化被削弱，劳动力可以为经济活动所用。自从16世纪80年代伊丽莎白在荷兰进行干预以来，英格兰对维持欧洲大陆的均衡状态一再做出了决定性的贡献；而欧洲大陆均衡状态得以维续，使英格兰在世界范围内以及在海洋之上建立霸权成为可能。以下事实尤其清楚地表明了这一点：1697—1918年间，欧洲所签订的每一项合约都通过建立新的平衡而制止或结束了法国或者德国的霸权主义挑战，而每一次合约的签订都使英国得以在空间上扩张殖民地。法国和德国曾经将英国描述为压制全世界的暴君，一再试图动员欧洲的公共舆论来反对来自英国的威胁。但是这些尝试从来没有获得过真正的成功，因为一方面英国对于维持欧洲的均衡是不可或缺的；另一方面，整体来看，海洋霸权并不像陆地强国霸权那样令人担忧。

随着 1607 年弗吉尼亚公司（Virginia Company）被授予皇家特许状（英文 Royal Charter，也译为皇家宪章），英格兰在北美洲拉开了殖民地扩张的序幕，并一直延伸至西印度群岛。1627 年，查理一世授予了巴巴多斯公司（Barbados Company）特许状。1600 年，东印度公司（East India Company）成立，其本来目的是与印度尼西亚进行贸易。东印度公司于 1608 年到达印度次大陆的苏拉特（Surat）并建立了据点。最初，这个港口只是作为与生产香料的岛屿进行贸易的中转站。从 18 世纪 40 年代起，东印度公司才开始在印度进行较大规模的领土统治。

17 世纪中期以来，殖民地扩张与重商主义思想一致，并在概念上与壮大海军力量以及促进自身贸易形成了一个整体系统，尽管如此，殖民地的扩张事实上依旧在很大程度上依靠私人自发的进取与开创。与此相应，美洲殖民地和东印度公司拥有广泛的自主权。17世纪七八十年代，英国政府曾试图加强对殖民地的控制与军事化发展，在朝着这一方向的短暂努力之后，一直又过了近百年后，英国政府才再一次尝试加紧监管以及强化帝国的财政利益。这发生在七年战争之后，不列颠因为获得了加拿大、佛罗里达（Florida）、密西西比河以西流域以及多个西印度洋岛屿，殖民地领地大为增加。然而，英国政府受到了美洲垦殖者的激烈反对，尤其是未经被征税人及其所选代表的同意就征税的尝试。1775年4月，马萨诸塞州（Massachusetts）的民兵组织与英国部队发生了军事冲突；1776年7月初，十三个北美殖民地宣布独立。在与英国的战争中，最早独立的这十三个殖民地得到了法国、西班牙和荷兰的援助。

在美洲进行的战争中，一个只能依靠自己的海上强国暴露了弱点：它最终显露了在没有外援时不能战胜一个陆地强国的无能——因为在大海之上，陆地国家几乎不会受到什么危害。美法陆海联军于1781年10月在约克镇（York town）大败英军，使英国方面此后不能继续开战，因为英国人甚至短暂地失去了在北美水域的制海权（Command of the Sea）。

对英国及其政治精英阶层来说，随着1783年所签订的《巴黎和约》而告终的美国独立战争意味着极大的威望损失，是帝国发展史上的一次严重挫折。英国失去了北美殖民地。梅诺卡岛（Minorca）和佛罗里达不得不割让给西班牙，圣卢西亚（Santa Lucia）和多巴哥(Tobago)拱手相送于法国，锡兰(Ceylon)则输给了荷兰。但这一耻辱很快就随着对抗法国革命和拿破仑的战争而得以雪洗。

对英国方面来说，除了最后一个阶段，反法战争主要是作为殖民地扩张战争而进行的。几乎所有的法国海外领地和法国的附属国都被英国人占领了。在签署了1814年和1815年的合约之后，英国人得到了马耳他（Malta）、爱奥尼亚群岛（Ionian Islands）、特立尼达（Trinidad）、多巴哥（Tobago）、圣卢西亚（Santa Lucia）、圭亚那（Guyana）、开普殖民地（Cape Colony）和毛里求斯（Mauritius）。如上所述，这一时期的战争与殖民地扩张也促进了统一的不列颠精英阶层以及不列颠民族感情的形成。自从1603年苏格兰与英格兰拥戴同一位君主的"王朝联合"起，这两个国家便紧密联结在一起，并在1707年共同组成了"大不列颠联合王国"，所以苏格兰人在殖民地领域内尤其活跃。他们的积极参与使"不列颠帝国（大英帝国）"的说法得以成立。

从七年战争起，英国对殖民地统治的强化开始显露出来，并最终引发了美国独立战争，进一步的殖民地扩张更加增强了对殖民地的统治。在东印度公司的名义统治下，仅仅在1798—1805年的几年时间内，大英帝国在印度就吞并了其次大陆三分之二的领土。大英帝国渐渐丧失了其主要的海洋商业特征，而一个在领土范畴上拥有殖民地的帝国，成为了英国"民族认同感的一部分"。在这一点上，荷兰有所不同——荷兰继续保持以商业为主要导向。

拿破仑战争结束时，大英帝国实现了前所未有的扩张。在1820年前后，有两亿多人口居住在这个通常被称为"第二帝国"①的世界帝国内，约占当时全世界人

① 美国独立在英国帝国史上是一个关键的转折点。历史学家以1783年为分界线，将英帝国划分为第一英帝国和第二英帝国。进入第二帝国，英国继续在世界上扩张势力，但没有采用过去那种尽量占领殖民地土地的方法，而是以维持保卫全球贸易路线为目的，控制战略要地。对已有的其他殖民地，如加拿大、印度，则改变统治策略，强调更加灵活、温和的治理方式，同时开始努力建设这些殖民地，促进殖民地自身的发展。第二英帝国继续成长，变得更加强大，并在19世纪成为世界上最大的殖民帝国——"日不落帝国"。

口的四分之一。而帝国扩张的进程仍在继续——尤其是在印度，形式上就职于东印度公司的军队和公职人员，奉行着极为专横的吞并政策。有观点认为，英国在19世纪上半叶或者前六十几年在殖民地扩张方面是比较节制，这种看法是错误的。即使在自由贸易和人们臆想的殖民地敌对时代，大英帝国也仍然通过"当地官员"(men on the spot) 在持续扩张。在这一过程中，1857 年对奥德土邦（Oudh）的吞并在印度导致了民族起义，这在英国公众中也已经引起了歇斯底里的集体反应，人们通常把这种反应和之后的一段时期联系起来。就英帝国的实际扩张而言，区分 19 世纪的前帝国主义和帝国主义阶段，是不太符合现实的。

然而，在大英帝国历史上的一次次扩张浪潮中，背后所隐藏的动机并不相同。因为人口众多、领土广泛的实体——例如美国或德意志帝国——的组合或新建，英国的权力有所丧失。因此，始于 19 世纪七八十年代的"帝国主义时代"，事实上掺入了一种新的因素，即通过帝国扩张、尤其是帝国的兼并，力求弥补由于其他新兴工业国家的崛起而导致的国际地位的相对丧失，以及力图平衡相对的权力失落。在这种关系背景下，英国的帝国主义完全可以被称为"补偿性帝国主义"。在历史学家希利[①]1883 年的系列讲座《英国的扩张》（*The Expansion of England*）中，这一补偿性因素也清晰易见。希利在这些讲座中提出了通过母国与殖民地更为紧密的联结来实现军事潜力的提升。他认为，可以"逐渐建立一个机构，这样在发生战争时，这个机构能使全帝国的力量为我们所用。"自从约瑟夫·张伯伦在 20 世纪初期鼓动宣传保护关税起，部分保守党成员进行了长达三十余年的尝试，试图以"帝国关税同盟"的形式在帝国内建立更为紧密的联系。在南非的布尔战争（1899—1902）期间，大英帝国在外交政策和道义上陷于孤立，这使得推动关税同盟的尝试大受鼓舞，但也使保守党陷入了严重的危机。在英国强大的自由贸易传统下，鼓动推行关税的尝试对保守党弊大于利。一直到 1932 年的渥太华（Ottawa）帝国会议时，在世界经济危机的特定条件下，这种尝试才获得了些许成功。

在 19 世纪的最后二十几年，英国的君主制度也扩展到了帝国的维度，并且具有了补偿性的功能。德意志皇帝在凡尔赛宫宣布登基五年之后，维多利亚女王

---

① 19 世纪英国历史学家希利（Sir John Robert seeley）认为历史知识可以造就政治家，他有名言"历史是过去的政治，政治则是现在的历史"。

于 1876 年加冕为印度女皇示范性地表明了这一点。在对抗拿破仑的战争期间，针对乔治三世国王的保皇主义已经发展起来，乔治三世被当作化解革命危险的解药而受到政府的有意支持。但是，随着战争的结束，也因为乔治三世的两任后继者个性魅力不足，保皇主义逐渐退却了。乔治四世非常不受爱戴，民众对与他分居的王后反而更有好感。而威廉四世仅仅在 1831 年登基加冕时受到了人民的欢呼庆祝，因为他被认为是改革法案的支持者。当这位新国王辜负了大家对他所寄予的厚望之后，子民对他的热情便也消散了。即使维多利亚女王在 1837 年登基之时，也根本不是立即就受到欢迎。在丈夫阿尔伯特亲王去世后，女王逐渐淡出公众视野，几乎不再履行自己的职责，这甚至使民众对王室的反对达到了一个高潮。19 世纪 70 年代初期，大不列颠弥漫着强烈的共和主义倾向。然而在接下来的时间里，王室在公共意识中变得越来越重要，并受到越来越多的拥护和崇拜以及越来越少的批评。与之前在 18 世纪末、19 世纪早期的保皇主义阶段类似，这种发展变化与英国在外部的困难处境密切相关，可能也与日益增加的、起源于持续发展的工业化与民主化的社会融合需求相关。鉴于上述问题，王室在公众面前露面的频率越来越高，王室现身时的仪式典礼也日益奢侈豪华、排场浩大、精心设计，这成为自我肯定的一个重要因素，成为英国强大与统一的象征。而王室所拥有的实际权力越少，便越能胜任这个任务，正如历史学家大卫·康纳汀精确描述的那样，"用权力来兑换所受到的爱戴"。英国的权力基础越是艰难，君主制被表现为帝国之象征的倾向便越强烈。在颁发勋章或奖励、庆典与纪念日（比如1916年正式引进的"帝国纪念日"[Empire Day]），人们都愈发加重对帝国的强调。

大不列颠权力的相对缩减，不仅因为其工业垄断地位的丧失，以及其他建立在民族国家基础上大型领土实体的形成，而且源于以下事实：铁路建设尤其使交通方式得以改善与提高，这样，海洋国家相对于陆地国家的地理位置优势大大降低。现在，对英国人来说，在当时的欧洲战场上，即使在小范围的战事中，也几乎不可能开展"蓝水学派"（blue water school）①所推崇的登陆

---

① 海权论的鼻祖马汉（Alfred Thayer Mahan）有一句经常被引用的名言："只有建立起占据压倒性地位的海上力量，才能把敌人的旗帜逐出大海，或者只允许其作为逃亡者出现；也只有建立了这种力量，才能借由对海洋这片大公有地的控制，锁闭前往敌方海岸或自敌方海岸出发的一切商业航线。"20世纪初的海军至上主义者（Navalist）或者说"蓝水学派"通常把前半句当作重点，他们认定：只有摧毁敌方战列舰这一阻碍航路畅通和力量投射的

作战。第一次世界大战之前，英国海军登陆波美拉尼亚的计划是不现实的，因此被完全排除在陆军计划之外。此外，早在1914年之前，英国就已经被迫放弃了"两强标准"（two-power standard）原则，即英国海军必须拥有比世界第二强和第三强海军实力总和更强的战斗力。在第一次世界大战之后，英国不得不再退让一步，在1922年的华盛顿会议上无奈接受只许拥有与美国海军同样数量的主力舰总吨位。此外，英国还接受了条约对其海军军备的限制规定，并在美国的压力下放弃了1902年与日本签订的联盟关系。

1922年的海军条约[①]，象征着英国由于第一次世界大战而加剧的权力丧失——英国失去了大部分的外国投资，并日益笼罩于已开始崛起的美国的阴影之下。然而，因为战胜了德国，并且大英帝国又一次得到扩张，甚至达到了历史最大范围，英国的这种权力丧失以一种

工具，建立起制海权，一国才能确保本方舰船沿"经常使用的线路"往返航行的自由，继而获取经济收益。又因为海战相较封锁用时较短、绝对成本较低，主力舰交战几乎成为夺取制海权的唯一路径，这就形成了"海上统治权＝制海权＝舰队决战"的简化公式。

① 经过近三个月的明争暗斗，1922年2月6日华盛顿会议终于宣告闭幕，美、英、法、意、日签订《五国关于限制海军军备条约》，通称《五国海军条约》。

典型的"英帝国"方式被掩饰了。当然，20世纪30年代的保守党领袖政治家清楚地认识到了英国权力的衰落。斯坦利·鲍德温和尼维尔·张伯伦很清楚大不列颠在全球义务与职责的过度延伸以及英国资源的紧缺。张伯伦尤其因为第一次世界大战中的大屠杀而在精神上饱受创伤，预料到战争的残酷后果不仅将影响国内结构，也将损害英国的世界地位。但抨击张伯伦绥靖政策并在1940年5月继任首相的丘吉尔并没有认识到这一点，正如他在印度没有清醒意识到时代的迹象，不想对印度的民族主义作出任何让步一样，他也没有看到英国作为世界强国的基础已经破败、薄弱。

尽管乔治·奥威尔当时对英国普通民众反抗法西斯的坚强意志做出了极为积极的评价，但是他认为这源于人们对时局缺乏理性的评估。奥威尔认为，英国普通人的不屈不挠，源于洞见不足。这个观点同样适用于丘吉尔：在法国崩溃后，与外交大臣哈利法克斯（Halifax）不同，他并非真的愿意与希特勒妥协求和。但是，必须同时说明，鉴于希特勒对未来的计划，与他的和解与达成一致始终可能只是暂时的，所以从这个角度说，丘吉尔的立场又完全是切合实际的。无论如何，英国通过第二次世界大战失去了世界强国地位，而这正是丘吉尔一心想要保住的，也是他比保守党内的对手更加看重的。修正主义历史学家，比如约翰·查姆雷（John Charmley）认为，对德国的胜利，英国付出的代价是丘吉尔所信仰的一切。

然而，这一切在二战后最初并不那么显而易见，因为像1918年一样，英国依然是战胜国，它在工业上的弱势由于大多数工业国家所受到的严重破坏没有立即显露出来，同时也因为帝国的清算是以保护英国自信的温和方式逐渐完成的。在两次世界大战期间开始的由大英帝国转变为英联邦的改变仍在继续。1931年的《威斯敏斯特法案》（*The Statute of Westminster*）认可自治领作为"自主实体"与英国本土享有平等的地位，共同拥戴英王为国家元首。除了白人自治领以外，亚洲成员国如印度和巴基斯坦也加入了英联邦。随后，一些非洲国家也陆续成为英联邦成员。与此同时，英国从对这些地区的统治中退出，这几乎可以被看作是一场胜利。印度新议会的总统在事后对殖民统治者告别时说道，印度的独立"实现了英国人民的民主理想"。于是在英国一方，人们可以沉溺于自欺欺人中，认为印度的独立是英国有意而为之，是英国人高风亮节作为的一个高峰。

直到1956年的苏伊士运河风波爆发，英政府在美国所施加的巨大压力下不得不妥协，大多数英国人才意识到英国在国际政治上的弱势。1964 年当选的工党首相哈罗德·威尔逊（Harold Wilson）以"现代化的福音传播者"（Ben Pimlott）自居，承诺推进"技术革命白热化"，然而他的承诺最终被证明只是空洞的言辞。在此之后，主要因为 1964 年的国际收支危机和 1967 年的英镑贬值，英国的经济弱势才被大众意识到。"衰落"与"英国病"被讨论得越来越多。其中，美国历史学家马丁·威纳（Martin J. Wiener）1981 年出版的《英国文化与工业精神的衰落 1850—1980》（*English Culture and the Decline of the Industrial Spirit 1850—1980*）影响力尤为巨大。威纳认为，英国工业衰落的根源在于农业贵族的准则与规范在工业资产阶级中的传播，尤其是在于公立学校的教育。①

---

① 自马丁·威纳 1981 年出版的《英国文化与工业精神的衰落：1850—1980》获得巨大的反响后，对英国文化与英国衰落的探讨就成为英国学术界一个特殊关注的领域。马丁·威纳认为英国文化是导致英国衰落的重要因素，并自 20 世纪 80 年代以来影响了一大批学者。这些把文化归结为英国衰落原因的学者认为，英国文化导致英国衰落的原因首先是英国文化反对企业家精神。这种反对集中反映在英国的教育制度上，尤其是免费的公立学校和大学，因为从维多利亚初期开始，这些机构就是英国商人接受教育的主要地方。传统的学校主要是培养英国绅士，把赚钱看作

"衰退论"一度成为一门科学。然而，最近一些政治意识形态与世界观极不相同的历史学家集体反驳了以下观点：在英国资本主义的发展中，在19世纪晚期或者20世纪的某一时间点，出现了一些"错误"。他们认为，英国的资本主义发展完全是前后一致、符合逻辑的。艾伦·伍德（Ellen M. Wood）以马克思主义观点总结出自己的论点：英国是最早、最坚定走上资本主义道路的国家，在农业基础上、从社会内部就已经发展出了资本主义。同样，英国也最早、最清楚地展现出了资本主义的矛盾与弱点。英国工业的衰落与这样一种制度的逻辑是完全一致的，这种制度对生产并不感兴趣，只追求利润最大化。另一方面，历史学家如凯恩（Cain）、霍普金斯（Hopkins）或者鲁宾斯坦（Rubinstein）则代表了另一种观点。他们认为，英国资本主义从最初开始就具备特有的贸易与金融导向性，自19世纪末期以来，这种导向再次强势生效，并最终得以彻底执行。对于"绅士资本主义"来说，工业主义其实是边缘的、次要的。通

不是一个有教养人的行为。此外，英国文化和英国教育反工业化还表现在另一方面，那就是它反对绝对城市化。他们把工业化以前的英国田园生活式的贵族看作是理想的社会状态，并认为这种土地贵族的生活远远高于都市生活。

过对工业革命进行的较新的、经济与社会史的研究，无疑可以引申出这种观点。一段时间以来，这种观点曾经强调了英国工业化进程中渐进的、极不完整的特征。鲁宾斯坦甚至将撒切尔主义解析为这种观点的表现，即大不列颠的优势在于金融与商业领域，重新赢回英国工业基础的尝试只是空想。

第九章
撒切尔夫人及其继任者

由保守党领袖——玛格丽特·撒切尔（Margaret Thatcher）决定的20世纪80年代的英国，见证了过去几十年内政治共识的正式结束。这种政治共识初现于第二次世界大战期间，在1945年之后得以确立，其基础是对福利国家、"混合经济"（mixed economy）以及充分就业的信奉，但在20世纪70年代就已经开始动摇瓦解。在70年代末，虽然几乎所有的西方工业国家都产生了反对国家调控与福利政策的改变，但是英国的这种转变趋势在欧洲最为教条，发展得也最为深远。玛格丽特·撒切尔曾宣称"在个人与家庭之上，根本就没有社会这种事物"，这甚至可以被认为是明确废除在第二次世界大战中各阶级之间所达成的社会契约。这种"反弹"在英国社会如此强烈，原因在于政府与工会的冲突（这种冲突在 1979 年的"不满之冬"[Winter of Discontent]达到顶峰），极高的通货膨胀率，以及玛格丽特·撒切尔不肯妥协的性格。

当然，从历史学家的角度来看，撒切尔主义仍然属于普遍模式，可以被归类于保守党的某种传统思路，而不仅仅是特定境遇与个性人物的产物。实际上，撒切尔主义隶属于近两百年英国历史上有迹可循的一种发展模式。18 世纪末以来，英国经历了三次大战，每次大战之后，阶级和解与抚恤福利政策最终都会被冷酷无情与严苛的社会政策所替代。每一次人们都相信，有理由、有权利认为战争时期引进的社会福利措施以及对底层阶级的普遍照顾是导致国家经济困难的原因，所以必须采取更强硬、更严厉的方针路线。随着外部危险局势的消散，随着曾经依赖下层民众的记忆的淡去，经济算计和有产阶级的利益每次都会再占上风。例如，在 1815 年之后，国家对穷人的救济——特别是战时物价飞涨时期引进的济贫税中的工资津贴补助系统，被看作是不可忍受的经济负担，是造成人们道德堕落的原因。1834 年新济贫法劣等处置的原则（less eligibility）①，使国家对穷人的救济与支持尽其可能令人厌恶，以便试图以此纠正经济问题。第一次世界大战之后，不仅是通货紧缩的、单方面顾忌城市利益的财政政策伤害了工人阶级，即使像鲍德温那样人道而亲民的首相，在 1926 年大罢工时也站在工人阶级的敌对面，打压限制他们——政府坚持要求罢工工人无条件投降。当作为政府首脑的玛格丽特·撒切尔在 1984 年的矿工罢工中把罢工的工人们称为"内部敌人"时，她只是有意或无意地重复了 1926 年大罢工时期丘吉尔出版与主编的政府官方报纸《英国公报》（*National Gazette*）的说法。政界要人如前保守党首相麦克米伦向撒切尔夫人指出，这些矿工的父辈曾经在两次世界大战中为祖国而战。

此外，还必须将撒切尔主义与托利党的长期传统联系在一起。正如保守党在第二次世界大战期间及战后时期所采取的社会和解政策可以被看作是继承托利党的社

_____

① 新济贫法颁布后，对济贫院的管理和制定政策就由济贫法委员会（Poor Law Commission）执行，每个联合济贫区靠济贫院作为提供救济的主要渠道。它遵守劣等处置原则和济贫院检验原则。劣等处置是指让享受救济的穷人的生活状况低于任何独立自由劳动者；济贫院检查则将享受救济的穷人放在济贫院中，并予以准监狱式的严格管理，以使穷人道德完善并使懒汉勤奋起来。

会家长主义一样，玛格丽特·撒切尔的强硬政治是"经济自由而政治专制"的复兴。这种政治姿态，在18世纪末最早由小皮特（Pitt）代表，在当时就对资本市民阶层有着特殊的吸引力。在皮尔（Peel）领导下的托利党内，严苛而教条的经济自由主义比在辉格党植根更深。19世纪末前后，索尔兹伯里侯爵（Salisbury）领导下的保守党继续执行这种经济自由主义，并受到"城郊别墅—托利主义"（德文 Villa-Toryismus）的广泛社会支持——当时城郊的富裕中产阶级加入保守党的人数不断增多。20世纪70年代保守党延续传统，再推新自由主义，并再次受到了类似的社会支持，这使党派开始了"去贵族化"（degentrification），由此保守党史无前例地加强了向选民的靠拢。人们在20世纪80年代开玩笑说，保守党现在从地主的手里，转移到了地产经纪人手中。1974—1979年保守党在野时期，在如"政策研究中心"（Centre of Policy Studies）和"经济事务研究"（Institute of Economic Affairs）等"智囊团"（Think Tanks）的影响下，为接下来的转变做好了意识形态的准备，而这种"去贵族化"为此奠定了社会基础。

玛格丽特·撒切尔的风格在英国政治上也并非史无前例。一方面，她模仿了温斯顿·丘吉尔的豪迈与激情；

另一方面，她又与第一次世界大战前保守党右翼的一些帝国主义者极其相似——他们想把自己的政策强加给英国，并且认为英帝国的命运将取决于他们的目标是否能够得以实现。例如：曾任南非高级专员、对布尔战争的爆发负有主要责任的阿尔弗雷德·米尔纳[①]，在返回英国后一直为争取大英的帝国一统、保护关税以及普遍义务兵役而奋斗。他希望唤醒英国，把英国从懦弱懒散的共识中挽救出来，后来玛格丽特·撒切尔的做法正与他一样。米尔纳厌恶保守党与自由党之间隐蔽的共同点以及两党之间"相互的骑士风度"，他认为正是这些阻碍了国家伟大事业的实现。像米尔纳一样，玛格丽特·撒切尔属于"信念政治家"类型，他们希望实现他们具有很强意识形态的事业，为此始终不渝、永不放弃，尽管他们偶尔也会在战术上作出让步。

撒切尔夫人之前的保守党领袖爱德华·希思[②]，以

[①] 阿尔弗雷德·米尔纳（Alfred Milner，1854—1925），能干而固执的英国殖民地行政官员。曾任南非驻高级专员(1897—1906)和开普殖民地总督(1897—1901)。米尔纳认为，英国在南非的无上权威应该用武力来维护，因而绝不妥协，他顽固的态度引起了第二次布尔战争。

[②] 爱德华·希思（Edward Heath，1916—2005），英国军人和政治家，1965—1975年任英国保守党党魁，1970—1974年

新自由主义为党纲，在 1970 年当选首相。如果说在希思领导的政府下，社会友好政策的倾向有所抬头，那么在撒切尔夫人执政期间，这种她严厉批评的"180 度大转弯"是完全不存在的。在 1981 年，撒切尔夫人明确拒绝了希思恢复"共识政策"的要求。她好斗的秉性迫使政策走向了对峙。她信念坚定，认为自己有阻止和逆转英国衰落的使命。她曾说："没有什么是不可能的，英国的衰落并非不可避免。"她散发着一种确定性，坚信自己在善与恶的斗争中代表着善，格拉斯顿之后再没有其他领导人具备过这种确定性。

玛格丽特·撒切尔致力于改变英国价值观，重振国家的社会和经济，力图从疲软的停滞中挽救国家。人们用"文化革命"的概念来总结她的作为，并非毫无道理。她的目标是创造"企业文化"，呼吁人们回归"维多利亚时代的价值观"，自然她在这呼吁中忽略了维多利亚时代价值观中博爱、仁慈的一面。她没有认识到，自己所推崇的"维多利亚时代价值观"并非旨在毫无顾忌地

任英国首相。他经历了保守党内的重要转变，希思的前任大多都是地主和贵族出身（如前首相哈罗德·麦克米伦），而后继者却来自所谓的"精英管理阶层"（如撒切尔夫人和约翰·梅杰），他扮演了两个时期之间的过渡角色。他在任内的最大成就是成功推动英国加入欧洲共同体。

推动个人主义和市场规律，恰恰相反，它主要是宣扬一套准则与规范，以抵消市场和竞争逐渐瓦解社会的趋势，并促进社会的凝聚力。维多利亚时代人们的"道德严肃性"好似自由放任主义的解毒剂。玛格丽特·撒切尔政治上表现为强硬与冷酷无情，她认为对下层社会的关照会造成道德败坏，以及她那"不劳动者不得食"的论调，都尤其容易让人回想起1834年新济贫法背后所隐藏的精神。

玛格丽特·撒切尔的意识形态在私有化政策中变得切实有效，而这种政策也让部分工人阶级出于利益投向了保守党，并使保守党在1987年的大选中获得了36%的工人投票（相对于"传统工人阶级"密集的北部，英国南部的工人有更好的物质条件，失业率更低，这里甚至高达46%的工人给保守党投了票）。而20世纪80年代，保守党政府颁发了一系列限制工会权利的措施，这使得工人投票给保守党这一点变得更加耐人寻味。罢工纠察队（picketing）——阻碍罢工时期工人复工，以及只可以雇佣工会成员的"封闭性企业"（closed shop），都变得更难实施。罢工活动必须在事前通过工会成员不记名投票表决来决定，而工会在某些罢工时必须支付赔偿金。

玛格丽特·撒切尔相信"不平等的优势"，她的这种信念也得到了实现。在她执政期间，第二次世界大战以来收入差距的持续拉平趋势开始逆转。最高与最低收入者之间的收入差距扩大了。大规模的失业现在似乎变得可以被广泛接受，甚至不再阻碍政党获得选举胜利，在此基础上，一个新的社会底层（undercalss）出现了。工党由左翼主义者主导，在1981年分裂出社会民主党。在1983年的大选中，工党仅获得了27.6%的选票，不得不无力地眼睁睁看着艾德礼政府时期的伟大功绩日益没落，大规模的贫困再度蔓延。1989年，20万人被指控流浪。没有房产的家庭数量从1979年的5.6万增加到1989年的12.8万。根据官方数据当时有37万人无家可归。

撒切尔要摆脱一切她认为有害的多愁善感，她疏远英联邦，对英国所剩余的殖民领地兴趣不大，都体现了这一特点。因此，并不乏这样的讽刺，认为她第一次的连任获胜是因为1982年英国打败阿根廷，获得"马岛战争（也译为福克兰群岛战争）"①的胜利，尽管是阿根廷政府不明确的外交与军事政策导致了阿根廷军队占领

---

① 马岛，全称是马尔维纳斯群岛，英国称为福克兰群岛。1982年4月到6月间，英国和阿根廷为争夺该群岛主权而爆发的一场战争。

福克兰群岛，甚至（根据当时英国驻美大使的报告）阿根廷人显然是受到了外交部高官的鼓动才如此行动。这大概是英国历史上最后一次民众情绪突然如此高涨，这种状况在 19 世纪下半叶曾频繁发生，当时的英国公众常因为一些发生在一般并不被重视的帝国边缘的事件而群情激愤。撒切尔夫人以最蛊惑人心的方式将英国国内经济复苏的战斗和回击阿根廷的战争结合成为民族复兴的愿景。她说："我们已经不再是一个处于衰败途中的国家。相反，我们重新找回了自信，这种自信在国内的经济战中孕育而生，并在八千英里之外的战场上通过了验证。"然而，撒切尔夫人避而不谈的是，即使在和这样一个三流国家的战斗中，如果没有美国的积极援助，英国也不可能完成这种展示自己实力的行动。

在 1989—1990 年，玛格丽特·撒切尔转向对政治选举来说是自我毁灭的政策，即在社区内引进与收入无关的人头税①，民众反对这项税收的抵抗甚至部分具有暴力性质的，这又给英国带回了些许 18 世纪的氛围，

① 撒切尔夫人的失势是因为所谓的人头税 (Poll Tax)，这种税的官方名称为社区收费 (Community Charge)，极其不受欢迎，它对每一个成年人征收定额税。这部法律在 1988 年通过，在预定的生效日期前，就在许多城市引起暴力冲突，包括 1990 年 3 月 31 日发生的伦敦暴动，最终导致她辞去首相职位。

此时再没有什么外部事件可以分散大众注意力以助她走出自筑的绝境了。党派内的大多数人都拒绝跟随她，并逼迫她在1990年11月下台。在新当选的党领袖约翰·梅杰（John Major）的领导下，保守党甚至意外地赢得了1992年4月的下议院大选，而保守党赢得选举的方法是把自己几乎展示为一种撒切尔夫人的反对党。人们可以讽刺性地注意到，保守党顺应着工党所提出的要求，自己宣称"是时候进行改变了"。

约翰·梅杰在政策内容上基本延续撒切尔夫人，继续推动私有化。然而，梅杰的风格与撒切尔夫人截然不同。梅杰不强硬也不好斗，而是追求和解与对话。

1997年5月1日的选举结束了保守党的长期统治。在托尼·布莱尔（Tony Blair）的领导下，工党放弃了生产资料社会化的党纲，并很大程度上接受了保守党自1979年以来创立的社会经济框架。在1997年大选中，工党在下议院获得了179个多数席位，这是工党在其历史上第三次（在1945年和1966年之后）获得决定性的胜利。显然，很大一部分选民认识到，这次真的"是时候进行改变了"——特别是保守党在欧洲政策上意见不统一，并且一些保守党议员的腐败和道德上可疑的行为又与他们所宣称的基本价值观形成鲜明对比。约翰·梅杰虽然诚实、正直，可是他也软弱、没有激情和动力。相反，新工党表现得更有活力，目标更坚定，最重要的是，比保守党更团结。托尼·布莱尔"督促、整治"工党的方式，以及他避免任何偏离党的路线的努力——以免对手以此攻击工党，都让人极为清楚地感觉到，工党始终是一个社会民主主义的、反对私有财产的，会提高税收的政党。

回看保守党执政的 1979—1997 年，可以说，在这段时间内二战后的社会共识被一种新的冷酷无情与"致富"（法文 enrichissez-vous）座右铭完全破坏了。随着民族团结日益破裂，战争时期的诺言消失殆尽。此外，撒切尔夫人的执政尤其造成了清晰可见的宪政后果。撒切尔夫人以其坚毅与决绝领导了一场"自上而下的革命"，中央政府的权力大大增加。在她的统领下，国家权力在经济领域的退出和在其他领域的加强独特地结合在一起。

政府权力的集中是以牺牲地方自治权为代价而实现的。一直到 19 世纪后期，英国历史的特点都在于相互制约、平衡的两方因素：一方面，中央权力在较早时期就已具有较为完善的权责能力；另一方面，地方自治在事实上分散了中央权力——中央政权也依赖地方权力的载体来实现自己的指令。随着贵族权力没落以及工业革命时在英国北部发展起来的具有自我意识的市民文化的衰退，这些影响中心与制约中央权力的平衡力量减弱了。这种情况通过撒切尔政府有意识地削减地方管理权变得愈发严重。自从伊丽莎白一世时期的济贫法受到民众的攻击，以及1834年新济贫法实施以后，英国弱化社会功能的政治就与所谓因为地方政府规模过大而产生的强烈不信任以及中央集权化的趋势结合在了一起，成为一种传统。然而在这个过程中，从没有人像撒切尔夫人那样冷酷与极端。迪斯雷利1845年发表的小说《西比尔或两个民族》（*Sybil or the Two Nations*）中写到"凶残打击所有地方权力，以实现组织严密的中央化"，在20世纪80年代的英国，情况确实如此。英国事实上成了欧洲中央集权化程度最高的国家。

向下剥夺具有自我意识的地方自治权的制衡作用，自上没有成文宪法的明确限制，议会领袖（党鞭，英文whip）对议员的权力并不微弱，并能够在议会任期的最高合法期限内决定议会选举时机——通过这一切，国家的行政权看起来有快要独立的危险。18世纪的噩梦——"过于强大的行政权"——似乎现在就要成为现实（虽然不是以当时人们所担忧的"腐败"和"王权的秘密影响"的方式)。

中央政府毫无顾忌地追求推进保守党的"反革命"(引自彼得·里德尔),使越来越多的英国人意识到,他们的经济体制所依赖的根基是多么脆弱不稳。撒切尔明确反对社会共识的政策挑战了英国传统的议会制度"威斯敏斯特模式"。这种模式的特征是:非正式地达成意见一致、遵循不成文的规定和传统,因而被历史学家极贴切地称为"俱乐部政府"。现在甚至好像连个人的权利都不再受到足够的保护。在撒切尔时代末期,欧洲法院悬而未决的人权诉讼法案针对英国的控告最多。根据一位英国历史家的判断,英国比任何一个欧盟成员国针对权力滥用的防护都更少。这显然与英国作为最早、最强烈认同个人自由与权利的国家的传统相矛盾。记者安东尼·桑普森(Anthony Sampson)尖锐地提出:"当英国政治家吹嘘自己国家自由的伟大历史时,他们的选民却不得不在斯特拉斯堡的欧洲最高法院寻求庇护。"

"光荣革命"300周年纪念日之际,现实的苦难导致了激进组织"宪章88(Charter 88)"的建立,他们追求的宗旨包括确定基本权利的成文宪法以及地方自治权的独立。这些要求体现了人们的认识——长期建立在贵族权力基础上的保障、控制和约定俗成的惯例,现在应该被成文规则所代替了。

虽然布莱尔首相并没有许诺实现制订成文宪法，但是他展现出了进行政宪改革的决心，表示了想要减轻过度中央化，并加强对个人权利的保护。他宣布了相应的计划，公告了一些在他任期前三年预计开始引入或计划执行的措施。根据全民公投，凯尔特的边缘地区合并进了联邦。保守党领袖威廉·黑格（William Hague）称之为对英国宪法的"破坏"，认为这会危害联合王国。1999 年 5 月苏格兰选举了议会，威尔士成立了代表大会。此外，1999 年 11 月，下议院的可继承席位被废除，2000 年 5 月，伦敦市市长通过直选产生。

只是，布莱尔在此过程中暴露了自己的"控制欲"，他是理性改革者，在改革中只用脑，不用心。政府大量美言承诺的改革（比如上院改革，或者《信息自由法案》[*Freedom of Information Act*]）不是虎头蛇尾，就是由行政权的利益所决定，或者是受到中央集权下强烈的干预，以至于这些改革措施使人们产生的更多是愿想的破灭或玩世不恭，而不是对改革的热切期盼。政宪多元主义被宣传为现代化改革的必要条件，而中央集权下的统制与之相矛盾。这种统制一方面是旧工党的遗产，可从韦伯（Webb）一直追溯至边沁（Bentham），另一方面则源于新工党的恐惧，他们怕重蹈旧工党的覆辙而危及自己的事业。

布莱尔的第一任期证实了新工党的经济能力，而布莱尔政府也因其控制欲和在媒体影响（spin-doctoring）中清晰可见的操控政治的行为引起了民众的不信任与麻木。2001年6月议会大选的结果清晰反映了以上两点。虽然政府得以连任，在选举中获得的议会多数也几乎没有减少，但工党所得选票与1997年相比降低了2.4%。民众的参加选举率更是严重下降，2001年的参选率为59.4%，比1997年几乎降低了12%，是1918年以来史上最低。

布莱尔第二任期的特点是大力鼓励国家支出，尤其是坚决增加具有紧迫需求的公共卫生与健康领域的政府支出。而民众对布莱尔首相依然极不信任，尤其是在布莱尔打着"不得不阻止使用'大规模杀伤武器'"的旗号与美国布什总统一起参与伊拉克战争时，这种不信任更为加剧了。2005年5月的议会选举中，工党虽然再次获胜，但是其所得选票从40.7%降至35.2%，民众的参与选举率依然很低，仅为60.9%。

第十章

早期现代化与守旧的力量 —— 回顾总结

　　尽管布莱尔政府原则上表明有意愿分散和限制英国政府的权力，但是在现实中却遇到种种壁垒，这不仅是因为新工党的思维模式的局限。问题是：为什么实现政宪转变如此艰难？英国为什么属于世界上绝无仅有的几个没有成文宪法的国家之一？这两个问题指向了英国历史的一个基本特点——这也是本章将总结概述的重点。

　　英国的很多领域看似相对较早就开始了现代化发展，这使得在后来剧烈改变或消除现存机构的压力很小。这一点显然也适用于英国王室，如今在很多英国人的眼中，王室既是英国最引人注目的象征，同时也是英国缺少现代性的最重要的原因。英国王室早期就受到的限制，革命与被迫更朝换代带来的驯服，及其向议会君主制方向的改变——这一切都让它不得不经历了学习与适应，而这样的学习与适应又使得王室王权得以存续。

毫无疑问，类似的道理也适用于议会。英格兰的议会在中世纪就已经可以极大程度地代表整体国家，并且维护特定等级特权的排他性非常低，以至于它可以通过在19、20世纪逐渐引入民主因素而改变自己，并在改变过程中长时期保持了自己的贵族地主特征。

王室和议会的这一特点，总体上也适用于宪法体制。在前宪法时期，英国的宪法体制就具有了足够的现代宪法国家的因素，所以它能够得以保持。几乎没有人（除了平等派人士）认为有必要通过成文宪法或确定基本权利来限制"王在议会"模式的主权，因为这种主权模式具有很高的全民代表性，因为存在相对固定的宪法传统，也因为从中世纪就存在的权利看似一直可以通过法院受到很好的保护。在17世纪中叶依然主要由贵族和王室主导的环境下，英格兰就发生了革命，激进力量大部分反对宗教——在这样的事实下，尽管议会在1649年1月口是心非地承认了人民主权，但未能实施。在17世纪50年代的临时政府时期，英格兰颁布过两部短命的成文宪法，其中第一部为军队所左右，第二部则由与议会商定而产生，没有一部源于人民。18世纪七八十年代，美国在人民主权原则的基础上的重建权力分配，这在英国没有发生过。如上所述，鉴于行政权独立性日益增加以及"议会一元论"所隐含的专制暗示，人们对政宪现状的不满最近才有所增加。议会主权的原则被批评为虚构的民主，阻挡了英国发展成为现代市民社会。"宪章88"组织试图弥补在英国从未发生过的民主"新建"（汉娜·阿伦特）。

由于部分现代化预期而产生的守旧现象，也存在于宗教与社会领域。17世纪颁发的《宽容宣言》表明，在英国至今仍然存在国教。尽管不信奉英国国教的人们也激烈抗议国教，但是要求进行改变的压力还是太小。在社会领域，英国的等级划分远非死板、僵滞，社会地位在早期就与财富相关，这使得英国的等级社会毫无障碍地顺利过渡到了阶级社会——当然，是一个贵族地主因素一直到19世纪晚期仍占主导地位、并至今仍然具有特殊声望的阶级社会。英国贵族地主的市场与利益导向价值观，以及他们愿意利用非农业的财产来源，显示出了他们的市民化特征。英国贵族早期就实现了市民化，这让他们不但具备了强大的经济基础，并且使他们更加容易地进入了市民时代，他们能够更好地适应中产市民阶层的价值观，也能更好地与资产阶级共处。

而且，英国较低的贵族等级的界限历来很开放，有资质的人容易晋升为低等贵族，这使英国贵族在资产阶级市民眼中不像其他国家的贵族那样令人厌恶。这点也可以解释，为什么由世袭贵族组成的上议院在英国存在了那么久，世袭贵族无须选举，就这样具有"天生的权利"似的位居上议院。一直到1958年，世袭贵族之外才出现了册封的终身贵族。1999年，尽管最初有92名世袭贵族在同侪的选举下暂时留在上院，尽管现在一些世袭贵族作为册封的终身贵族又成为下院议员，但上院的世袭席位还是被完全废除了。

上文指出的早期便形成了现代化特征与旧体制与机构生命力之间的关系，在经济领域也同样存在。英国相对较早便在地主精英阶层的统治下完成了资本主义经济的过渡。这使得英国经济有着强烈的金融与贸易导向，巴黎金融市场在1870—1871年普法战争中剧烈震荡之后，以及技术上更占优势的工业竞争出现之后，英国的金融与贸易再次占据主导地位。而那些竞争者的优势也是因为：工业革命早在18世纪下半叶便在英国开始，其中科学研究成分很低，而这个事实又进一步加强了人们对技术培训与工业实验室建设的淡漠态度。在这一点上，较早实现的现代化的影响力与制约作用再一次清晰可见。

可以这样概括：英国在中世纪和近代早期就已经提前具有了很多现代性特征，以至于它可以在某些方面以独特的方式远离现代性。英国的统治精英自从 17 世纪的革命以来就深知必须避免国家内部的剧烈震荡、灾难性的军事失败及由此带来的剧变，较早进入现代社会在造就精英们的灵活政策之外，也自相矛盾地导致其现代性不足。布莱尔政府不成系统的、半心半意地进行的宪政改革是否真的能纠正这个问题，只能拭目以待。也许这些改革将发挥自身活力，引起深远的改变。但也有可能，像 1999 年 11 月对上议院进行的不彻底的改革一样，这些改革反而部分降低宪制多元性，成为国家行政权的新权力手段。无论如何，我们可以说，这种在短时间内、一定程度上在人民公投的基础上发生的宪制改革，尽管范围有限并缺乏协调统一，但是仍然与英国的"历史宪法（historic constitution）"（戴西）①不相容。这些人为

---

① 戴西（Albert Venn Dicey，又译戴雪，1835—1922），英国宪法学家，认为行政诉讼应由普通法院管辖，这是英国宪法的一项基本原则，并对英国宪法学中另外两项原则即议会主权和法治加以系统阐述。

的改革，破坏了这样一种神话——英国的宪法是无意识地形成且自身有机发展的，这让英国在政治自我认识上长时间停留在前现代时期。

参考文献

以下文献书目概况主要介绍反映英国研究现况的较新著作，借助这些文献可以更好地理解过去的作品与研究。

第一章

Marc Bloch 的经典作品 *Die Feudalgesellschaft*（Berlin 1982），以及 Susan Reynolds 的杰出作品 *Kingdoms and Communities in Western Europe 900–1300*（Oxford 1984）从对比的角度研究了中世纪的英格兰。

Bernard Guinée 的 *L'Occident Aux XIVe et XVe Siècles*（Paris 1981）分析了"英格兰特性"（英语版本题目为

States and Rulers in Later Medieval Europe, Oxford 1985）。

以下几本书提供了杰出的概况介绍：

H. P. R. Finberg, *The Formation of England 550–1042*, London 1976 ；

M. T. Clanchy, *England and its Rulers 1066–1272*, Oxford 1983 ；

Anthony Tuck, *Crown and Nobility 1272–1461*, London 1985 ；

J. R. Lander, *Government and Community, England 1450–1509*, London 1980。

The Governance of England 三册系列书籍中 H.R. Loyn 的作品 *The Governance of Anglo-Saxon England 500–1087* (London 1984)，与 W. L. Warren 的著作 *The Governance of Norman and Angevin England 1086–1272*（London 1987），以及 A. L. Brown 的书作 *The Governance of Late Medieval England 1272–1461*（London 1989）研究了英格兰中世纪的统治与公共管理。

R. G. Davies 与 J. H. Denton 出版的选集 *The English Parliament in the Middle Ages*（Manchester 1981）以及 G. L. Harris 的著作 *The King Parliament and Public Finance in Medieval England to 1369*（Oxford 1975）介绍了中世

纪英格兰议会的发展。

J. R. Lander 简洁的作品 *The Limitations of English Monarchy in the Later Middle Ages*（Toronto 1989）介绍了英格兰君主在中世纪后期所受到的限制。

第二章

作者本人为德国读者修订的版本：Geoffrey R. Elton 的 *England unter den Tudors*，München 1983，英文版原书早在 1955 年就已在英国首版发行。

John Guy 的著作 *Tudor England*（Oxford 1988）提供了较好的概括总结。

以下文献是杰出的社会历史学阐释：

D. M. Palliser, *The Age of Elizabeth, England under the later Tudors*, London 1983；

Keith Wrightson, *English Society 1580–1680*, London 1982；

作者同上，*Earthly Necessities, Economic Lives in Early Modern Britain*, New Haven 2000。

由 Christopher Haigh 出版的选集 *The English Reformation*（修订版，Cambridge 1987）与 *The Reign of Elizabeth I*（London 1984）是重要的文献，它们提供了

新的研究方向与解析可能。在 *The Reign of Elizabeth I* 中，Elton 强调，议会在 16 世纪成为一个机构（不再仅仅是一系列事件），而且自 1559 年以来"王在议会"便是主权立法者。然而，Elton 也强调君主的角色也具有决定性意义，而上、下议院两院各自独立的作用相对较低。在 G. R. Elton 的作品 *The Parliament of England 1559–1581*（Cambridge1986）中，他更明确、尖锐地强调了这一点。

关于历史学家的争论和最重要的事实的综述可参考 Michael A. R. Graves 的作品 *The Tudor Parliaments, Crown, Lords and Commons, 1485–1603*（London 1985）

Christopher Haigh 的作品 *Elizabeth I*（London 1988）对伊丽莎白时代的描写精简而优秀，书中探讨了伊丽莎白一世统治的不同方面，及其作为女性君主需要克服的困难。

第三章

关于英格兰革命及对其之前的历史的相关概况介绍可参考：

Derek Hirst, *England in Conflict, 1603–1660*, London 1999；

Hans-Christoph Schröder, *Die Revolutionen Englands im 17. Jahrhundert*, Frankfurt 1986。

Patrick Collinson 的著作 *The Religion of Protestants, The Church in English Society 1559–1625*（Oxford 1982）探讨了宗教问题的方方面面以及清教主义的流传。

L. J. Reeve 的作品 *Charles I and the Road to Personal Rule*（Cambridge 1989）是对查理一世与政治国家之间的异化过程最佳、最精准的重建。

对英格兰革命提出新的设问与认知的优秀论文选集有：

John Morrill 出版的 *Oliver Cromwell and the English Revolution*，London 1990；

出版人同上，*Revolution and Restoration, England in the 1650s*，London 1992；

Richard Cust 与 Ann Hughes 出版的 *The English Civil War*, London 1997。

Ronald Hutton 的书作 *The Restoration*（Oxford 1985）与 *Charles II, King of England, Scotland and Ireland*（Oxford 1989）深入探讨了君主制的恢复与复辟时期。

关于光荣革命可参考：

W. A. Speck, *Reluctant Revolutionaries*, Oxford 1988；

Robert Beddard, *A Kingdom Without a King, The Journal of the Provisional Government in the Revolution of 1688*, Oxford 1988。

Jonathan Scott 的书作 *England's Troubles, Seventeenth Century English Instability in European Context*（Cambridge 2000）是一本杰出的著作，以比较历史分析整体介绍了 17 世纪的英格兰。

第四章

J. H. Plumb 的薄书 *The Growth of Political Stability in England 1675–1725*（Harmondsworth 1969）是关于光荣革命后政治稳定过程的最重要的研究。

Hans-Christoph Schröder 的文章 *Die politische Stabilisierung Englands im 18. Jahrhundert* 总结概括了较新的研究，文章收录于 Hanna Schissler 出版的 *Schulbuchverbesserung durch internationale Schulbuchforschung?*（Braunschweig 1985），第 35–87 页。

Jeremy Black 的著作 *Robert Walpole and the Nature of Politics in Early Eighteenth Century England*（London 1990）提供了简洁明了的概况介绍。

Jeremy Black 出版的选集 *Britain in the Age of Walpole*

（London 1984）也极具启发性。

B. W. Hill 的书作 *The Growth of Parliamentary Parties 1689–1742*（London 1976）以及 *British Parliamentary Parties 1742–1832*（London 1985）详细记述了光荣革命后英格兰各政党极其复杂、混乱的历史。Frank O'Gorman 的著作 *The Emergence of the British Two-Party System 1760–1832*（London 1982）提供了简要的总结介绍。

Wilfried Nippel 的著作 *Mischverfassungstheorie und Verfassungsrealität in Antike und früher Neuzeit*（Stuttgart 1980）对从 15 世纪到 18 世纪早期英格兰的宪法思想提供了杰出的概括介绍。

第五章

W. A. Speck 的著作 *A Concise History of Britain 1707–1975*（Cambridge 1993）是一本优秀的简史。

Roy Porter 的 *English Society in the Eighteenth Century*（Harmondsworth 1982）是一本优秀的、可读性强的、具有消遣性的社会学历史入门读物。

对于英国贵族特征以及贵族统治在英国长寿的理解，可参考 Hans-Christoph Schröder 的文章 *Der englische Adel*，收录于 Armgard von Reden-Dohna 与 Ralph Melville

出版的 *Der Adel an der Schwelle des bürgerlichen Zeitalters* (Stuttgart 1988)，第 21–88 页。

关于英国 18 世纪大贵族统治的书籍中，最重要的一本是 John Cannon 所著的 *Aristocratic Century, The Peerage of Eighteenth-Century England*（Cambridge 1984）。

关于"贵族"与"平民"之间的关系，以及英国底层人民的观念世界与行为，E. P. Thompson 的开创性的作品至关重要。他最重要的作品，多数经由 Günther Lottes 的优秀翻译，收录于德语选集 *Edward P. Thompson, Plebejische Kultur und moralische Ökonomie* (Frankfurt 1980)。这些文章也都收录于 E. P. Thompson 的英文原版书 *Customs in Common*（London 1991）中，并且部分文章有了新的增补。

众多关于民众暴乱的作品中，部分也是批判 Thompson 的作品，在此值得指出的是：

Anthony Fletcher 与 John Stevenson 出版的 *Order and Disorder in Early Modern England*，Cambridge 1985；

John Brewer 与 John Styles 出版的 *An Ungovernable People, The English and their Law in the Seventeenth and Eighteenth Centuries*，London 1980；

John Stevenson, *Popular Disturbances in England*

1700–1870, London 1979；

Nicholas Rogers, *Whigs and Cities, Popular Politics in the Age of Walpole and Pitt*, Oxford 1989；

作者同上，*Crowds, Culture, and Politics in Georgian Britain*, Oxford 1998；

Mark Harrison, *Crowds and History, Mass Phenomena in English Towns, 1790–1835*, Cambridge 1988。

Ian Gilmour 是前保守党大臣，颇受玛格丽特·撒切尔（Margaret Thatcher）排挤，其作品 *Riot, Risings and Revolution, Governance and Violence in Eighteenth-Century England*（London 1992）是很好的总结，只是自然遵从了托利党家长保护主义的传统，并受到反辉格党思想的影响。

记载关于选举及其仪式，以及选举中的各色人等——选民、非选民、持有自己的期望与要求且高度敏感的重要行动者等，基本可参考：

Frank O'Gorman, *Voters, Patrons and Parties, The Unreformed Electorate of Hannoverian England, 1734–1832*, Oxford 1989；

作者同上，*Campaign Rituals and Ceremonies: The Social Meaning of Elections in England 1780–1860*，收录

于 *Past and Present*，第 135 期，1992，第 79–115 页。

H. T. Dickinson 的 *Liberty and Property, Political Ideology in Eighteenth Century Britain*（London 1977）是理解 18 世纪英国政治思想的不可或缺之作。

Michael Maurer 出版的选集 *O Britannien*，*Von deiner Freiheit einen Hut voll, Deutsche Reiseberichte des 18. Jahrhunderts*（München 1992），提供了一幅富有启示性的英格兰全景图：各社会阶层混杂的首都，充满混乱与骚动的选举和以怀疑而著称的政治思想在书中的描述尤为突出。

对于英国人的自我认知，重要的文献是 Paul Langford 所著的 *Englishness Identified, Manners and Character 1650–1850*（Oxford 2000）。

第六章

F. M. L. Thompson 出版的选集 *The Cambridge Social History of Britain 1750–1950*（Cambridge 1990）中的第三册，提供了一个完整的社会历史学概况，其内容既有根据主题划分的章节，也有根据区域来划分的部分。

F. M. L. Thompson 的著作 *The Rise of Respectable Society, A Social History of Victorian Britain, 1830–1900*

（London 1988）也根据主题划分清晰。

Linda Colley 的著作 *Britons, Forging the Nation 1707–1837*（New Haven 1992）探讨的主题是法国大革命和反法战争对英国精英阶层所产生的影响。

大卫·康纳汀（David Cannadine）强调，在 18 世纪末和 19 世纪初，贵族善于通过增加财富来加强自己，使自己的地位更加无懈可击，这几乎可以被视为是全新的方式。（参考大卫·康纳汀的文章 *The Making of the British Upper Classes*，出自其著作 *Aspects of Aristocracy*, New Haven 1994）。

Clive Emsley 的著作 *British Society and the French Wars 1793–1815*（London 1979）探讨了反法国革命的战争中的社会因素与内政因素；

A. D. Harvey 的著作 *Collision of Empires, Britain in Three World Wars 1793–1945*（London 1992）深入而详尽地探讨了反法战争中的军事因素，以及军事与财政和物资运输的关联。

关于由法国大革命引发的激进主义，以及保皇派的反对运动，可参考以下作品：H. T. Dickinson, *British Radicalism and the French Revolution 1789–1815*, Oxford 1985；

同上（出版）*Britain and the French Revolution 1789–1815*, London 1989；

作者同上，*Popular Loyalism in Britain in the 1790s*，收录于由 Eckhart Hellmuth 出版的 *The Transformation of Political Culture, England and Germany in the Late Eighteenth Century*（Oxford 1990）第 503–533 页；

Albert Goodwin, *The Friends of Liberty, The English Democratic Movement in the Age of the French Revolution*, London 1979；

John Barrell,*Imagining the King's Death–Figurative Treason, Fantasies of Regicide 1793–1796*, Oxford 2000；

Günther Lottes,*Politische Aufklärung und plebejisches Publikum, Zur Theorie und Praxis des englischen Radikalismus im späten 18. Jahrhundert*，München 1979。Lottes 的作品也详细地分析了托马斯·潘恩的观点（Thomas Paine，英裔美国思想家、政治活动家暨激进民主主义分子。——译者注）

Daniel Green 的著作 *Great Cobbett, The Noblest Agitator*（London 1983）是关于威廉·科贝特（William Cobbett，英国散文作家、记者、政治活动家和政论家，小资产阶级激进派的著名代表人物，曾为英国政治制度的民主化而进行斗争。——译者注）的可读性很高的生平传记。Cobbett 是一位由 Paine 的敌对者转变而来的追随者，因为其发表的作品而成为大众激进主义最重要的人物。

J. R. Dinwiddy 的作品 *From Luddism to the First Reform Bill*（Oxford 1986）与 John Belchem 的作品 *Industrialization and the Working Class, The English Experience, 1750–1900*（Aldershot 1990）均是关于平民改革运动优秀而简洁的总结。

John Belchem 的作品 *"Orator" Hunt: Henry Hunt and English Working-Class Radicalism*（Oxford 1985）是一本优秀的传记，讲述了平民改革运动的领袖们的浮华虚荣以及他们之间的摩擦。

Gareth Stedman Jones 的文章 *Rethinking Chartism* 强调了 1830 年代和 1840 年代宪章运动的政治特点及其与过去的"激进主义"的联系。该文收录于其著作 *Languages of Class, Studies in English Working Class History 1832–1982*，Cambridge 1983，第 90–178 页。

Dorothy Thompson 的作品 *The Chartists*（London 1984）是对宪章运动的概括性介绍，其中有一章专门讲述了运动中女性的角色。这本书的描述方式富有激情，但还是比她丈夫 E. P. Thompson 的作品 *The Making of the English Working Class*（London 1963）在评论上看起来更谨慎、更缓和。

旧济贫法在 1843 年的废除形成了宪章运动的主要动力之一，德国历史学家 Thomas Sokoll 的作品 *Household and Family Among the Poor, The Case of Two Essex Communities in the Late Eighteenth and Early Nineteenth Centuries*（Bochum 1993）是重要的关于旧济贫法之应用的宏观历史研究。Sokoll 认为，至少在几个社区，对穷人的救济非常完善，可以称之为福利社会国家。这种认识导致的结论是，自从 T. H. Marshall 的著作 *Class, Citizenship, and Social Development*（London 1963）发表以来，人们一般从英国历史中解读出的"公民权利"到"政治权利"再到"社会权利"的发展进程并非如此，必须要做出一些改变。在旧的济贫法下，在尚不存在相同的政治权利之前很久，社会权利已经被认可并能部分得以保证。1834 年新济贫法导致人们失去社会权利，人们追求平等的政治权利——即全民普选权，甚至被认为是引起宪章运动的原因之一。

Rolf Peter Sieferle 的著作 *Bevölkerungswachstum und Naturhaushalt, Studien zur Naturtheorie der klassischen Ökonomie*（Frankfurt 1990），以及 Gertrude Himmelfarb

的著作 *The Idea of Poverty, England in the Early Industrial Age*（London 1984），对于理解 19 世纪上半叶对广大群众贫困化的讨论，以及马尔萨斯主义的接受至关重要。Himmelfarb 还详细研究了对于新兴工业主义的批评。

关于在 18 世纪下半叶和 19 世纪上半叶的英国工业化，有两篇优秀的概括性作品，它们考虑了修正主义的批评，但坚持了工业革命的概念：

Pat Hudson 的著作 *The Industrial Revolution*, London 1992；

Joel Mokyr 的文章 *The New Economic History and the Industrial Revolution*，收录于由其出版的 *The British Industrial Revolution, An Economic Perspective*，Boulder 1993, 第 1–131 页。

Donald Winch 的作品 *Riches and Poverty, An Intellectual History of Political Economy in Britain, 1750–1834*（Cambridge 1996）提供了关于工业化发展早期的国民经济思想的概况，以及对马尔萨斯理念非常独特的分析。

Donald Winch 和 Patrick K. O'Brien 出版的选集 *The Political Economy of British Historical Experience 1688–1914*（Oxford 2002）对国民经济理论与财政、贸易政策

和社会政治实践之间的联系提供了重要的见解。

Willibald Steinmetz 的作品 *Das Sagbare und das Machbare, Zum Wandel politischer Handlungsspielräume in England 1780–1867*（Stuttgart 1993）对 18 世纪末以来围绕着议会改革的讨论，以及在 1832 年和 1867 年改革法案的确立，作了很好的阐述。

约翰·坎农（John Cannon）的研究作品 *Parliamentary Reform, 1640–1832*（Cambridge 1973）对理解 1832 年议会改革的历史背景依然是不可或缺的。

彼得·曼德勒（Peter Mandler）的作品 *Aristocratic Government in the Age of Reform, Whigs and Liberals 1830–1853*（Oxford 1990）对理解辉格党在其议会改革政策中的动机提供了新的启示。曼德勒认为，辉格党人在处理一个正要最终发展成全面危机的问题时，把议会改革看成了一项符合他们本质的国家任务，这项任务处于宪法领域，而不是对他们来说不那么有利的经济领域。他们把自己看作超越个人"利益"的、关注整体的、具有政治建设性的、并且与民众亲近的贵族领导团体，这种自我理解也通过他们对议会改革的推动而得到了证实。在曼德勒看来，在第一次议会改革后的几年内，辉格党也是在这种自我认知下在社会政策方面作出了努力。

D. C. Moore 的作品 *The Politics of Deference, A Study of the Mid-Nineteenth Century English Political System*（Hassocks 1976）提出的观点是，1832 年的议会改革加强了贵族的影响。

Patrick Joyce 的著作 *Work, Society and Politics, The Culture of the Factory in Later Victorian England*（Hassocks 1980）对选举权改革的直接意义提供了有益的补充。Moore 强调了传统恭敬结构的延续与加强，关于北方的工厂城市（尤其是兰开夏郡 Lancashire），Joyce 明确借鉴了 Moore "恭敬顺从的社区"（deference communities）的概念，指出在工厂与企业家家长保护主义的基础上形成了恭敬结构以及 "有影响的政治"（politics of influence）。他认为，在混乱的 1830 年代和 1840 年代后，英国在 1850 年至 1875 年间社会趋于稳定，原因就在于此。直到工党建立并广泛扩张后，工人阶级以企业家族和工厂为导向的、极具 "恭敬与影响" 的态度才被克服。原来由家长保护主义决定的选举行为，此时转变成了以阶级为导向的选举行为，并且这种转变发生在旧式企业家长制度失去地位的时期。旧式企业家长制因为现代工业的集中化、有限责任公司的快速发展以及城市的扩张而日益衰落。

T. A. Jenkins 的著作 *The Liberal Ascendancy, 1830–1886*（London 1994），提供了对英国历史上辉格党与自由党主导政治体制时期的出色概况介绍。在这个时期，辉格党与自由党占据"自然的"大多数，尽管这个"大多数"经常因为不同集团间的矛盾而不具有行动力。这本薄薄的小册子具有极高的价值，因为它一方面笔法文路清晰，另一方面又引用参考众多的新文献，通过详细的引言，读者可以了解到文献来源。

这段时期著名政治家的传记尤为推荐的是：

Robert Blake, *Disraeli*, London 1966；

Paul Smith, *Disraeli*, Cambridge 1999；

以及 John Vincent 的人物简笔画般的著作 *Disraeli*, Oxford 1990。

Andrew Roberts 在他的作品中详细描述了迪斯雷利（Disraeli）之后主导彼时时代的第二位保守党领袖——索尔兹伯里（Salisbury），作品名为 *Salisbury, Victorian Titan*, London 1999。

Jasper Ridley 关于帕默斯顿（Palmerston，也译为巴麦尊）的优秀传记，资料详尽：*Lord Palmerston*, London 1970。

E. D. Steele 的 著 作 *Palmerston and Liberalism, 1855–1865*（Cambridge 1991）强调了帕默斯顿所具有

的现代性特征。

Richard Shannon 的著作 *Gladstone, Vol. I, 1809–1865* (London 1982) 以及 *Vol. II, 1865–1898*（London 1999）有些过于详细，但是极为清楚地描述了格拉斯顿 (Gladstone) 将政治问题道德化的倾向。（格拉斯顿的这种倾向在该作者的更早期作品中更为明显，比如：*Gladstone and the Bulgarian Agitation 1876*, Hassocks 1975。）

H. C. G. Matthew 的两部作品 *Gladstone, 1809–1874* (Oxford 1986) 与 *Gladstone 1875–1898*（Oxford 1995）尤为珍贵，在其中细致分析了格拉斯顿的日记。

Roy Jenkins 的 *Gladstone*（London 1996）尤为优秀。

Nicholas C. Edsall 的著作 *Richard Cobden, Independent Radical*（Cambridge, Mass. 1986）是一本杰出的传记。在此可以令人略微吃惊地读到，科布登（Cobden）将德国资产阶级市民视为英国市民的榜样，并将反谷物法联盟比作德国中世纪的商业、政治联盟——汉莎同盟。

Keith Robbins 的 *John Bright*（London 1979）较为差强人意。

第七章

Martin Pugh 的著作 *State and Society, British Political*

and Social History 1870–1992（London 1994）所提供的概述脉络清晰，具有丰富的事实根据，且从多角度阐释。尽管如此，依然可以批评作者低估了 1914 年爱尔兰问题的迫切性，过于乐观地评判了第一次世界大战前自由党政府的处境，甚至可以说对自由党的态度过于友善。

José Harris 的作品 *Private Lives, Public Spirit, A Social History of Britain 1870–1914*（London 1993）是非常杰出的、富有区域与地方特色的社会历史学的综合。

David Cannadine 的作品 *The Decline and Fall of the British Aristocracy*（New Haven 1990）使用了大量细节描述贵族在经济上的弱化以及政治权利上的减弱，令人印象深刻。

Neal Blewett 的作品 *The Peers, the Parties and the People*，（London 1972）详细记述了 1910 年的宪法冲突和选举。

爱尔兰历史学家 R. F. Forster 在其著作 *Modern Ireland 1600–1972*（Harmondsworth 1989）中极好地描述了爱尔兰问题的历史背景，在第一次世界大战前爱尔兰问题引发了激烈争端，并在北爱尔兰几乎导致内战。作者在其修正主义的历史记录中甚至提到了对爱尔兰民族主义非常尴尬的史实——如爱尔兰人在 1914 年对战争的热情。

R. F. Foster 的论文集 *Paddy and Mr. Punch, Connections in Irish and English History*（London 1993）对于高度复杂的英爱关系的处理更为细致。

A. J. P. Taylor 的作品 *English History 1914–1945*（Oxford 1965）一如既往是最佳的对两次世界大战之间英国历史的概述。

Martin Pugh 的作品 *The Making of Modern British Politics 1867–1939*，（Oxford 1982）对选举和各个政党提供了优秀的概述。

Ross McKibbin 的论文集 *The Ideologies of Class, Social Relations in Britain 1880–1950*（Oxford 1990）对理解各阶级之间的关系，以及这种关系与选举权和党派发展的关联是必不可缺的文献。

Paul Addison 的作品 *The Road to 1945, British Politics and the Second World War*（London 1982）以及 *Now the War is Over, A Social History of Britain 1945–51*（London 1986）描绘了在战争以及战后时期的社会目标的设定与社会氛围。

Hans-Christoph Schröder 关于奥威尔的传记作品 *George Orwell, Eine intellektuelle Biographie*（München 1988）一书中记录了这位英国作家在战争爆发后设想英

国社会将发生革命性创新，而很快又发现自己的期许是错误的。

Paul Hennessy 的作品 *Never Again, Britain 1945–1951*，（London 1992）将丰富多彩的氛围描写与历史分析独特而吸引人地合为一体。

关于 1945 年的政府变动，以及之后 30 年的英国历史（包括披头士的历史），推荐以下文献：

Kenneth O. Morgan, *Labour in Power*, Oxford 1984；

作者同上，*The People's Peace, British History 1945–1989*, Oxford 1990。

作者同上，*Labour People, Leaders and Lieutenants, Hardie to Kinnock*（Oxford 1987）是工党最重要的领袖的传记合集。

第八章

T. O. Lloyd 的 *The British Empire 1558–1983*（Oxford 1984）与 Lawrence James 的 *The Rise and Fall of the British Empire*（London 1994）对英帝国发展历程的总体介绍并不太尽人意。

Jürgen Osterhammel 的 *Kolonialismus, Geschichte–Formen–Folgen*（München 1995）具有以上两本作品中

所欠缺的分析力与概念的清晰度。

Bernard Bailyn 与 Philip D. Morgan 出版的 *Strangers within the Realm, Cultural Margins of the First British Empire* (Chapel Hill 1991) 反对以盎格鲁为中心的视角，为 17、18 世纪英国殖民史提供了新的研究方向与提问。

John J. McCusker 与 Russell R. Menard 合著的 *The Economy of British America 1607–1789*（Chapel Hill 1985）清晰地描述了英国北美殖民地的经济及其与帝国的关联。

Alison Gilbert Olson 的著作 *Making the Empire Work, London and American Interest Groups 1690–1790*（Cambridge, Mass. 1982）主要描述了英国与北美利益集团的合作，以及这种合作关系在美国革命前夕的中断。

关于美国革命及其根源，参考 Hans-Christoph Schröder 所著的 *Die Amerikanische Revolution*（München 1982）。

C. A. Bayly 的作品 *Imperial Meridian, The British Empire and the World 1780–1830*（London 1989）对英"第二帝国"的概略叙述主要偏重于其军事权威因素。

Bernard Porter 的著作 *A Short History of British Imperialism 1850–1970*（London 1984）极好地描写了帝国主义鼎盛时期的大英帝国，及其英帝国的扩张。

作者同上，*The Absent-Minded Imperialists*（Oxford 2004）中的论点总体令人信服，该作品认为在 19、20 世纪大多数英国人的意识中，帝国起着相对较低的作用。

如今有两本较新的作品与这种解析相对立：

Krishan Kumar 的作品 *The Making of English National Identity*（Cambridge 2003）认为：一项可追溯至中世纪的研究中就已经指出了身份认同问题；对于英国国家民族，这种身份认同问题在帝国清算后由于对大英帝国的认同再次产生。

David Cannadine 的 *Ornamentalism, How the British Saw their Empire*（London 2001）则表明，大英帝国作为"社会结构以及等级制度愿景"与母国的阶级社会具有多种多样的联系。

John Darwin 的作品 *Britain and Decolonisation, The Retreat from Empire in the Post-War World*（London 1988）为去殖民化阶段提供了出色的概括介绍。Darwin 重建了从殖民地撤退的各个阶段，并揭示了依然长久存在的英帝国幻想。

John M. MacKenzie 的作品 *Propaganda and Empire, The Manipulation of British Public Opinion 1880–1960*

（Manchester 1984）是一项关于大英帝国宣传工作的研究，资料详尽。MacKenzie 指出，直到第一次世界大战后，帝国主义的宣传才完全奏效；而负责宣传的机构或集团，直到帝国主义真正的最高点已经过去后，才完全建立起来。他还主要强调了帝国主义与君主制度的联系。

David Cannadine 的文章 *The Context, Performance and Meaning of Ritual: The British Monarchy and the Invention of Tradition, c. 1820–1977* 是关于君主制的自我展示以及 19 世纪最后二十几年以后君主制度备受欢迎的最重要的研究。该文章收录于由 Eric Hobsbawm 与 Terence Ranger 出版的 *The Invention of Tradition*（Cambridge 1984），第 101–164 页。然而奇怪的是，Cannadine 忽视了他妻子 Linda Colley 所指出的反法国革命战争时期民众保皇主义的先驱。

Stephen Haseler 在著作 *The End of the House of Windsor*（London 1993）中将坚决清算英国君主制视为实现现代化的决定性秘笈。

Vernon Bogdanor 在著作 *The Monarchy and the Constitution*（Oxford 1995）中探讨了君主在众多领域内极不清晰的宪法权利地位。

Ben Pimlott 的书作 *The Queen, A Biography of Elizabeth*

II（London 1996）详细描述了当今英国女王的地位与意义。

Paul M. Kennedy 的作品 *The Rise and Fall of British Naval Mastery*（London 1983），以及 Bernard Porter 的著作 *Britain, Europe and the World 1850–1986: Delusions of Grandeur*（London 1987）出色地总结了决定英国在世界上地位之不断变化的前提。

英国的外交与世界政策被解析为其对国家内部问题的回避，Robert Holland 的作品对这种外交与世界政策非常批判：*The Pursuit of Greatness, Britain and the World Role, 1900–1970*, London 1991。

Michael Howard 的著作 *The Continental Commitment: The Dilemma of British Defence Policy in the Era of Two World Wars*（Harmondsworth 1974）以及作者 Keith Robbins 的作品 *Appeasement*（Oxford 1988）简要总结了两次世界大战期间外交政策与行动的限制及其对英国政治领导人的影响。

Larry William Fuchser 的作品 *Neville Chamberlain and Appeasement*（New York 1982）强调了张伯伦拒绝战争的个人原因，是由其一位非常亲近的亲人作为士兵阵亡决定的。

由 Randolph S. Churchill 开启、Martin Gilbert 完成

的详细的丘吉尔传记（London 1966—1988）长达八卷，更适合部分选读，而不是全文阅读。Gilbert 为这八卷传记后续了一本书 *In Search of Churchill, A Historian's Journey*（London 1994），书中记录了他为了这套传记寻找信息的记录，以及丘吉尔的手下对他的回忆，这本书偶有圣徒传记笔触。

与以上八卷传记不同，David Cannadine 的文章 *Winston Churchill as an Aristocratic Adventurer* 对丘吉尔的性格分析极为清晰尖锐，值得推荐，参见 Cannadine 的著作 *Aspects of Aristocracy*（New Haven 1994）第 130—162 页。

Roy Jenkins 的作品历来优秀，他的丘吉尔传记也不例外，*Churchill*, London 2001。

Andrew Roberts 的作品 *Eminent Churchillians*（London 1994）中记录了尼维尔·张伯伦退位后，保守党的下议院党团对他依然同情喜爱，且非常抗拒丘吉尔。本书还提供了英国王室对张伯伦及其绥靖政策的支持的有趣内幕。

Paul Addison 的作品 *Churchill on the Home Front 1900—1955*（London 1992）有些过于强调丘吉尔的内政政治家身份，及其对社会福利政策的推动。

第九章

Hugo Young 所完成的玛格丽特·撒切尔（Margaret Thatcher）的生平传记 One of Us（London 1990）具有一定批判性。

以下作品对撒切尔时代进行了总结分析：

Peter Riddell, *The Thatcher Decade, How Britain has Changed During the 1980s*, Oxford 1989 ;

Dennis Kavanagh, *Thatcherism and British Politics, The End of Consensus?*, Oxford 1990 ;

由 Andrew Adonis 与 Tim Hames 出版的 *The Thatcher-Reagan Decade in Perspective*, Manchester 1994。

由 Dennis Kavanagh 与 Anthony Seldon 出版的选集 *The Major Effect*（London 1994）中的作者们试图从撒切尔主义的连续性或非连续性的角度评估约翰·梅杰的政策。

Anthony Seldon 出版的选集 *The Blair Effect*（London 2001）对布莱尔政府做了（整体是正面的）总结评论。

John Ramsden 的作品 *An Appetite for Power. A History of the Conservative Party*（London 1998）对保守党从罗伯特·皮尔爵士（Sir Robert Peel）到威廉·黑格（William Hague）时期的历史做了介绍，可读性很强。

关于布莱尔任职首相（布莱尔任首相至 2007 年，本书出版于 2006 年，故以下所列文献均为 2006 年前出版，所以内容不是布莱尔整个首相任职期间。——译者注）的文献记载：

Anthony Seldon 出版的 *The Blair Effect: The Blair Government 1997–2001*，London 2001；

由 Anthony Seldon 与 Dennis Kavanagh 出版的 *The Blair Effect 2001-5*, Cambridge 2005。

Robin Cook 发表的日记描述了作为政府成员反对派反对英国参加伊拉克战争的立场：*The Point of Departure, Diaries from the Front Bench*（London 2004）。

第十章

Ferdinand Mount 的著作 *The British Constitution Now* (London 1992) 探讨了"议会主权"概念的形成。Mount 指出，在宪法学家戴雪（Dicey）对为爱尔兰设置"家规"(Home Rule) 讨论中，"议会主权"概念达到了极点。

Bruce P. Lenman 的著作 *The Eclipse of Parliament, Appearance and Reality in British Politics since 1914*(London 1992) 对 20 世纪英国的行政权的权力扩张描写引人入胜，尽管偶尔有点夸大。Lenman 认为，议会主权已成

为一种修辞手段，阻止了英国民主的影响，并赋予了议会多数党的领导人几乎不受限制的绝对权力。

Will Hutton 的著作 *The State We're In*（London 1995）强调了英国政治权力集中对经济的不利影响。他的论点颇具说服力：议会主权的理念反映了股东主权以及不受限制的公司治理（没有工人参与）的概念，这不利于工业长期稳定发展。

关于英国从 17 世纪至今对政宪问题的讨论，可参见 Hans-Christoph Schröder 的史料详尽的作品 *Ancient Constitution, Vom Nutzen und Nachteil der ungeschriebenen Verfassung Englands*，收录于由 Hans Vorländer 出版的 *Integration durch Verfassung*, Wiesbaden 2002，第 137—212 页。

关于英国 20 世纪的宪法，尤其自 1970 年代以来变得更为批判的评价，参见 Vernon Bogdanor 出版的涵盖范围全面的选集 *The British Constitution in the Twentieth Century*, Oxford 2003。

英国君主表

英格兰的盎格鲁－撒克逊国王（威塞克斯王朝 Wessex）

871—899　　阿尔弗雷德大帝（Alfred the Great）

899—925　　长者爱德华（Edward the Elder）

925—939　　埃塞尔斯坦（Athelstan）

939—946　　埃德蒙一世（Edmund I）

946—955　　埃德雷德（Edred 或 Eadred）

英格兰的盎格鲁－撒克逊与丹麦国王

955—959　　埃德威格（Eadwig 或 Edwy）

959—975　　埃德加一世（Edgar）

975—979　　殉教者爱德华（Edward the Martyr）

979—1013　埃塞尔雷德二世（Ethelred II）

1013—1014 八字胡斯韦恩（Sweyn Forkbeard）

1014—1016 埃塞尔雷德二世（Ethelred II）（第二次统治）

1016 刚勇者埃德蒙（Edmund Ironside）

1016—1035 克努特大帝（Knu）

1035—1040 飞毛腿哈罗德（Harald Harefoot）

1040—1042 哈德克努特（Harthacnut，丹麦语：

Hardeknud）

1042—1066 忏悔者爱德华（Edward the Confessor）

1066 显贵者埃德加（Edgar Etheling，未加冕）

诺曼底王朝

1066—1087 征服者威廉一世（William the Conqueror）

1087—1100 红脸威廉二世（William Rufus）

1100—1135 亨利一世（Henry I）

1135—1154 斯蒂芬（Stephen）

金雀花王朝，安茹帝国

1154—1189 亨利二世（Henry II）

1189—1199 狮心王查理一世（Richard the Lionheart）

1199—1216 无地王约翰（John Lackland）

1216—1272 亨利三世（Henry III）

1272—1307 爱德华一世（Edward I）

1307—1327 爱德华二世（Edward II）

1327—1377　爱德华三世（Edward III）

1377—1399　查理二世（Richard II）

兰开斯特王朝

1399—1413　亨利四世（Henry IV）

1413—1422　亨利五世（Henry V）

1422—1461

　　　　　　亨利六世（Henry VI）

1470—1471

约克王朝

1461—1483　爱德华四世（Edward IV）

1483　　　　爱德华五世（Edward V）

1483—1485　查理三世（Richard III）

都铎王朝

1485—1509　亨利七世（Henry VII）

1509—1547　亨利八世（Henry VIII）

1547—1553　爱德华六世（Edward VI）

1553　　　　简·格雷（Lady Jane Grey）

1553—1554　玛丽一世（Mary I）

1554—1558　腓力（西班牙的腓力二世 Philip II）与玛丽

　　　　　　一世（Mary I）（因夫妻关系）

1558—1603　伊丽莎白一世（Elizabeth I）

斯图亚特王朝

1603—1625　詹姆斯一世（James I）（苏格兰的詹姆斯六世）

1625—1649　查理一世（Charles I）

1649—1660　共和国

1649—1653　英格兰联邦

1653—1658　护国公奥利弗·克伦威尔（Oliver Cromwell Lord Protector）

1658—1659　护国公理查德·克伦威尔（Richard Cromwell Lord Protector）

1659—1660　英格兰联邦

1660—1685　查理二世（Charles II）

1685—1688　詹姆斯二世（James II）

1688—1689　临时政府

1689—1694　威廉三世（William III）与玛丽二世（Mary II）

1694—1702　威廉三世（William III）

1702—1714　安妮（Anne）

汉诺威温莎王朝

1714—1727　乔治一世（George I）

1727—1760　乔治二世（George II）

1760—1820　乔治三世（George III）

1820—1830　乔治四世（George IV）

1830—1837　威廉四世（William IV）

1837—1901　维多利亚女王（Queen Victoria）

1901—1910　爱德华七世（Edward VII）

1910—1936　乔治五世（George V）

1936　　　　爱德华八世（Edward VIII）

1936—1952　乔治六世（George VI）

1952 至今　　伊丽莎白二世（Elizabeth II）

图书在版编目（CIP）数据

英国史／[德]汉斯—克里斯托弗·施罗德著；刘秋
叶译. —上海：上海三联书店，2020.7
（贝克知识丛书）
ISBN 978-7-5426-7008-3

Ⅰ.①英… Ⅱ.①汉…②刘… Ⅲ.①英国—历史
Ⅳ.① K561.0

中国版本图书馆 CIP 数据核字（2020）第 054872 号

英国史

著　　者／[德]汉斯−克里斯托弗·施罗德
译　　者／刘秋叶
责任编辑／程　力
特约编辑／张兰坡
装帧设计／鹏飞艺术
监　　制／姚　军
出版发行／上海三联书店
　　　　　（200030）中国上海市漕溪北路 331 号 A 座 6 楼
印　　刷／北京天恒嘉业印刷有限公司
版　　次／2020 年 7 月第 1 版
印　　次／2020 年 7 月第 1 次印刷
开　　本／787×1092　1/32
字　　数／93 千字
印　　张／5.75

ISBN 978-7-5426-7008-3/K·576

定　价：36.80元